»JEDEN TAG IN EINEM ANDEREN HAFEN ÜBERNACHTEN UND DEN SONNENUNTERGANG VON DECK AUS GENIEẞEN«

Linda O'Bryan, Hans Zaglitsch

WASSER, SCHIPPERN, GLÜCKSGEFÜHL

Hausboot-Reviere zwischen Nordsee und Mittelmeer.

*****

HEUTE BIN ICH KAPITÄN. MIT ERLEBNISGARANTIE.

INHALTSVERZEICHNIS

AB AUFS WASSER!

VORWORT

An der Drehbrücke von Malchow.

DEUTSCHLAND UND POLEN

1 Potsdam, Berlin und die Havelseen 10
» 1 Potsdamer Altstadt » 2 Holländisches Viertel
» 3 Schlösser, Parks und Gärten » 4 Filmpark Babelsberg
» 5 Werder an der Havel » 6 Berlin

2 Mecklenburger Seenplatte 18
» 1 Waren an der Müritz » 2 Nationalpark Müritz
» 3 Röbel » 4 Mirow » 5 Neustrelitz » 6 Rheinsberg

3 Auf nach Schwerin 26
» 1 Malchow » 2 Plau am See » 3 Parchim » 3 Lübz
» 5 Schwerin » 6 Dömitz

4 Stechliner und Ruppiner Land 34
» 1 Fürstenberg » 2 Röblinsee » 3 Ziernsee

5 Uckermärkische Seen 38
» 1 Ravensbrück » 2 Himmelpfort » 3 Lychen

6 Obere Havelniederung 44
» 1 Ziegeleipark Mildenberg » 2 Zehdenick

7 Unteres Peenetal 50
» 1 Neukalen » 2 Loitz » 3 Demmin » 4 Anklam
» 5 Otto-Lilienthal-Museum

8 Masurische Seenplatte 57
» 1 Mauersee und Angerburg » 2 Steinort » 3 Gicycko
» 4 Mikolajki » 5 Ruciane-Nida und der Süden

NIEDERLANDE UND BELGIEN

9 Friesische Seenplatte 62
» 1 Sneek und Sneekermeer » 2 Heerenveen
» 3 Tjeukemeer » 4 Kalenberger Gracht » 5 IJlst, Heeg
und Fluessen » 6 Abstecher zum IJsselmeer

10 Elf-Städte-Tour 70
» 1 Leeuwarden » 2 Franeker » 4 Harlingen » 5 Bolsward

11 Amsterdam und die Zaan-Region 76
» 1 Amsterdam » 2 Die Zaan-Region » 3 Alkmaar
» 4 Käsemarkt Alkmaar » 5 Beatles Museum

12 Die Spaarne 82
» 1 Haarlem » 2 Frans-Hals-Museum

13 Das grüne Herz der Niederlande 88
» 1 Utrechter Dom » 2 Utrechter Oude Gracht
» 3 Utrechter Viertel » 4 Leiden » 5 Museumsstadt
Leiden » 6 Abstecher nach Den Haag

14 Reizvolle Vecht 94
» 1 Die Vecht » 2 Weesp » 3 Muiden

15 Auf dem Weg nach Rotterdam 100
» 1 Oudewater » 2 Gouda » 3 Rotterdam
» 4 Rotterdamer Hafen » 5 Delft » 6 Kinderdijk

16 Unterwegs in Flandern 108
» 1 Historisches Brügge » 2 Kulinarisches Brügge
» 3 Kunstsinniges Brügge » 4 Genter Altstadt
» 5 Sankt-Bavo-Kathedrale » 6 Genter Grafenburg

Badebucht in einem
der Havelseen bei Berlin

Stadthafen von Nantes.

FRANKREICH UND ITALIEN

17 Quer durch die Bretagne 114
» 1 Nantes » 2 l'Île de Nantes » 3 Malestroit
» 4 Josselin » 5 Pontivy » 6 Mûr-de-Bretagne

18 Bretonische Hauptstädte 122
» 1 Redon » 2 Rennes » 3 Kulturelles Rennes » 4 Dinan

19 Im Tal der Loire 130
» 1 Canal latéral à la Loire » 2 Nevers » 3 Yonne und
Nivernais

20 Canal du Midi 136
» 1 Sète » 2 Étang du Thau » 3 Agde » 4 Béziers
» 5 Schleusentreppe Fonserannes » 6 Narbonne
» 7 Carcassonne » 8 Castelnaudary » 9 Toulouse

21 Der Brenta-Kanal 146
» 1 Venedig » 2 Laguneninseln » 3 Riviera del Brenta
» 4 Padua

ENGLAND, SCHOTTLAND UND IRLAND

22 Themse Valley 152
» 1 Windsor » 2 Cliveden Country » 3 Oxford

23 Durchs schottische Hochland 156
» 1 Inverness » 2 Loch Ness » 3 Laggan, Loch Oich
und Lochy

24 Der Shannon 160
» 1 Athlone » 2 Portuma und der Lough Derg

PRAKTISCHE INFORMATIONEN

Von Bootsmiete bis Wasserpolizei 164

Unterwegs auf der Hollandse
IJssel nahe IJsselstein.

»DIE LANGSAMKEIT BIETET
DIE CHANCE, DAS, WAS WIR TUN,
AUCH ZU ERLEBEN.«

HENRIETTE WILHELMINE HANKE,
SCHRIFTSTELLERIN, 1785–1862.

Abendstimmung in der Hafen-
einfahrt von Marseillan am
Canal du Midi.

VORWORT

AB AUFS WASSER!

Mit dem Hausboot seelenruhig dahinschippern, mal kurz für
eine Pause mit Kaffee und Kuchen oder einen Imbiss am Ufer
festmachen, schließlich ist eine Küche an Bord, und dabei die
Natur ringsum oder das Treiben auf dem Wasser beobachten. Jeden Tag in einem anderen Hafen oder an einem idyl-
lischen Liegeplatz übernachten, den Sonnenuntergang von
Deck aus genießen. Oder mal eine kurze Stadtbesichtigung

mit dem Fahrrad oder zu Fuß machen – entspannter kann
Urlaub kaum sein.
Keine Angst! Auch für weniger Erfahrene oder Neueinsteiger
ist der Hausbooturlaub machbar. Die im Buch vorgestellten
Reviere und Routen sind alle führerscheinfrei. Die Einweisung
durch den Bootsvermieter dauert in der Regel 30 bis 60 Minuten, es werden ein paar Handgriffe gezeigt, und dazu gibt

es Tipps zum Steuern des Bootes und zum Verhalten vor und in den Schleusen. Und schon kann das Abenteuer Hausbooturlaub beginnen. Fehlt nur noch das richtige Hausboot und das geeignete Revier. Soll es eines der klassischen Hausboote werden oder vielleicht doch ein Floßhausboot? Im Internet gibt es jede Menge Hausbootvermieter pro Region und noch mehr Boote für fast alle Ansprüche. Zu den schönsten Hausbootrevieren zählen die Mecklenburger Seenplatte, die polnische Region Masuren und die friesische Seenplatte in den Niederlanden. Wer sich für ein Floßhausboot entscheidet,

der findet mit dem Unteren Peenetal in Mecklenburg eine der besten Gegenden dafür. Auch Belgien, Frankreich, Italien, England, Schottland und Irland haben Reviere mit besonderen Reizen. Das absolute Highlight und ein »Must do once in a lifetime« ist der Canal du Midi in Südfrankreich – die ultimative Hausboottour für alle Freizeitkapitäne und Profis.

Willkommen an Bord und viel Spaß beim Hausbooturlaub!

Linda O'Bryan und Hans Zaglitsch

Unterwegs mit dem
Floßhausboot auf dem
Tiefen See beim Schlosspark
Babelsberg.

1 POTSDAM, BERLIN UND DIE HAVELSEEN
Oasen am Hauptstadtrand

Raus aus der Stadt, rein in die Natur. Die Umgebung von Potsdam und Berlin hält dafür alles bereit: Wälder, Parks, Seen mit Badebuchten und Sandstränden, teils mit typischen Strandkörben, die einem das Gefühl geben, an der Ostsee zu sitzen – nur ist es hier immer etwas wärmer.

In Berlin kann man mit dem Boot quer durch die Stadt schippern. Auf der Spree geht es denn auch manchmal so zu, als würde gerade eine Bootsparade abgehalten. Allerdings unterliegt das Abenteuer doch einigen Beschränkungen, denn ohne Bootsführerschein sind die Wasserstraßen in der Hauptstadt mit dem Hausboot nicht befahrbar. Ab Potsdam bis Werder an der Havel samt angrenzenden Havelseen benötigen Sie aber keinen Führerschein fürs Hausboot. Ein paar Stunden reine Fahrzeit sollten eingerechnet werden. Wartezeiten an den Schleusen sind unbekannt, denn es gibt keine. Das eigene Tempo bestimmt also die Fahrzeit, die Lust auf Landgang den Tagesablauf. Mal bei einem bekannten Supermarkt-Discounter anlegen, um die Vorräte aufzufüllen, mal dort anlegen, wo schon Albert Einstein bei sommerlichen Temperaturen Abkühlung suchte.

»DIE TOP 5 HIGHLIGHTS UND LIEGEPLÄTZE DER REGION«

1. **Potsdamer Altstadt und Holländisches Viertel.**
www.potsdamtourismus.de

2. **Filmpark Babelsberg.** Unterhaltung für die ganze Familie.
www.filmpark-babelsberg.de

3. **Schloss Sanssouci.** Schloss und Park muss man einfach mal gesehen haben.
www.spsg.de/schloesser-gaerten/objekt/schloss-sanssouci

4. **Marina Rummelsburg.** Schöner, ruhiger Hafen und guter Ausgangspunkt für Berlin.
https://citymarina-berlin.de

5. **Berlin.** Diese Stadt bleibt immer faszinierend und sexy.
www.visitberlin.de/de

(1) Abendstimmung auf dem Alten Markt in Potsdam mit der wuchtigen Sankt-Nikolai-Kirche zur Linken. (2) Gemütliches Terrassencafé im Holländischen Viertel von Potsdam. (3) Freier Blick vom Tiefen See aus auf Schloss und Park Babelsberg.

2 HOLLÄNDISCHES VIERTEL

Frau Antje lässt grüßen

Es fühlt sich an, als spazierte man durch eine Kleinstadt in den Niederlanden. Ganz untypisch für die Region. Filmkulisse oder eher eine Laune des Architekten? Keines von beiden: Das Viertel, bestehend aus rund 130 Häusern, wurde Mitte des 18. Jahrhunderts für niederländische Gastarbeiter angelegt, die sich hier wie zu Hause fühlen sollten. Steuervergünstigungen und diverse Rechte sollten zusätzliche Anreize für die Siedler sein, um sich im damals strukturschwachen, armen Gebiet anzusiedeln.

TIPP

Im Viertel wimmelt es von gemütlichen Cafés, Kneipen und Restaurants mit feiner Gastronomie. Serviert wird allerdings internationale Küche, denn die holländische Küche hat wenig kulinarische Feinheiten zu bieten. www.potsdam.de/hollaendisches-viertel

1 POTSDAMER ALTSTADT

Klein, aber fein

Lustgarten, neogotische Nikolaikirche, historisches Rathaus – alles in wenigen Gehminuten zum Beispiel von den Gästeliegeplätzen des Potsdamer Anglervereins (www.1pav.de) zu erreichen. Die Altstadt von Potsdam ist relativ klein, rechnet man das holländische Viertel nicht mit. Der historische Kern breitet sich um den Alten Markt aus. Er wurde unter Friedrich dem Großen Mitte des 18. Jahrhunderts als römischer Platz in der Nähe der Havel gestaltet und wird von der wuchtigen Nikolaikirche dominiert.

TIPP

Die Kuppel der Nikolaikirche kann bestiegen werden. Der Aufstieg ist nicht allzu anstrengend und die Aussicht grandios. Tickets gibt es direkt am Automaten, der auch Münzen und Papiergeld nimmt. www.evkirchepotsdam.de/gemeinden/nikolai

3 SCHLÖSSER, PARKS UND GÄRTEN

Prunk und Prall

Eigentlich kann man das Hausboot für mindestens zwei Tage liegen lassen, soviel Prunk und Pomp gibt es in der Umgebung von Potsdam zu bewundern. Allen voran das berühmte Rokokoschloss Sanssouci und das nahegelegene Neue Palais, übrigens das größte Bauwerk der Schlossanlage Sanssouci. Um die Havel bei Potsdam schufen zudem verschiedene Künstler wunderschöne Parkanlagen wie den Park Babelsberg. Diese künstlichen Naturlandschaften stehen wegen ihrer Einzigartigkeit auf der Welterbeliste der UNESCO.

TIPP

Im Park Babelsberg erhebt sich der Flatowturm, der bestiegen werden kann. Die freie Aussicht reicht über den Tiefen See, die Berliner Vorstadt bis nach Potsdam. www.potsdam.de/flatowturm-im-park-babelsberg

Spektakuläre Stuntshow im Filmpark Babelsberg. Täglich gibt es mindestens eine Vorführung.

4 FILMPARK BABELSBERG

Stunts vom Feinsten

Wie machen die Mädels und Jungs das nur? Springen aus schwindelerregender Höhe in die Tiefe, hinein in eine Feuerhölle, während links und rechts Bomben explodieren. Sieht dramatisch und gefährlich aus, doch die Stuntfrauen und -männer wissen genau, was sie da machen. Jeder Schritt ist minutiös vorbereitet und wohl durchdacht. Lassen Sie sich faszinieren und in den Bann ziehen von der Welt der Stunts im Filmpark Babelsberg. Oder einfach nur unterhalten, denn die Shows sind Unterhaltung pur für die ganze Familie.

TIPP

Guter, zentraler Liegeplatz in der Marina am Tiefen See (www.marina-am-tiefen-see.de) oder beim gegenüberliegenden Seesportclub nachfragen, direkt im Park Babelsberg gelegen. https://potsdamerseesportclub.wordpress.com

5 WERDER AN DER HAVEL

Mediterrane Insel

Zwei Bauwerke auf der Altstadtinsel von Werder springen bereits aus weiter Ferne ins Auge und weisen somit auch den Weg: die neugotische Heilig-Geist-Kirche und die holländische Bockwindmühle, das Wahrzeichen Werders. Nach etwa zwei Stunden Fahrzeit ab Potsdam können Sie im Marina Scheunhorn den Anker werfen. Von hier aus sind es etwa zehn Gehminuten ins historische Zentrum auf der Insel mit hübschen Fachwerkhäusern und verwinkelten Gassen mit Kopfsteinpflaster, umgeben von einem mediterranen Flair.

TIPP

Das Fischrestaurant Arielle in der Fischerstraße an der Ostseite der Insel Werder genießt einen hervorragenden Ruf und hat einen eigenen Bootsanleger.
www.fischrestaurant-arielle.de

Eines der markantesten
Bauwerke von Werder an der
Havel: die Heilig-Geist-Kirche.

Eine klassische Bootsrundfahrt
auf der Spree führt auch direkt
am Reichstag vorbei.

6 BERLIN

Die Hauptstadt: maßlos, endlos, atemlos

Maßlos lebendig, maßlos schön und maßlos interessant. An fast jeder Ecke wartet eine Sehenswürdigkeit, pulsiert das Leben 24 Stunden und gibt es immer wieder etwas Neues zu entdecken. Mit dem Hausboot auf der Spree durch Berlin schippern und einige Sehenswürdigkeiten aus einem anderen Blickwinkel betrachten, durch die Oberbaumbrücke hindurchfahren, vorbei an der East Side Gallery und beim Kanzleramt mal den Anker werfen, geht leider nicht so einfach. Für Fahrten mit (Haus)Booten mit über 15-PS-Motoren benötigt man einen Bootsführerschein Binnen. Zudem gibt es Tageszeitbeschränkungen für das Regierungsviertel. Trotzdem sollten Sie sich diesen Spaß nicht entgehen lassen. Mieten Sie einfach ein Boot, das führerscheinfrei ist oder betrachten Sie die Hauptstadt von einem Rundfahrtboot aus.

TIPP

Der beste Ausgangspunkt für eine Bootstour durch Berlin ist die Marina Rummelsburg. Hier können auch führerscheinfreie Boote angemietet werden. Und der Vermieter gibt Ihnen auch noch die notwendigen Infos für die Hauptstadt-Tour. https://citymarina-berlin.de

Unterwegs auf dem Kanal bei
Vipperow Richtung Kleine Müritz

2 MECKLENBURGER SEENPLATTE

Paradies für Hausbooturlauber

Die Sonnenuntergänge sind spektakulär, die Stille der Landschaft wirkt beruhigend und die romantischen Dörfer und Städtchen verzücken mit Fachwerk und gemütlichem Ambiente. Dazu eine perfekte Infrastruktur für den Hausbooturlaub – nichts wie hin!

Mehr Hausbooturlaub in Deutschland geht einfach nicht! Ein langes Wochenende, eine ganze Woche oder gleich einen Monat herumschippern? Mit rund 1100 Seen, einem Netzwerk aus Verbindungskanälen, dem Nationalpark Müritz und einer nahezu perfekten Infrastruktur ist die Mecklenburger Seenplatte ein Paradies für Naturliebhaber, Wanderer, Radler, Wassersportler und Freizeitkapitäne. Kaum Schleusen, kaum Brücken, jede Menge Natur, reizvolle Häfen und stille Ankerplätze tragen zu einem entspannten Hausbooturlaub bei. Um die Ruhe ist es vor allem in der Hauptsaison oder an langen Wochenenden allerdings nicht so gut bestellt, trotzdem macht es so richtig Spaß, zu jeder Saison im Nordosten Deutschlands herumzuschippern, die Sonnenuntergänge zu genießen und die Seele mal so richtig baumeln zu lassen.

»DIE TOP 5 HIGHLIGHTS UND LIEGEPLÄTZE DER REGION«

1. Wasserwanderrastplatz und Jachthafen Klink.
   www.klink.m-vp.de/wasserwanderrast-platz-und-yachthafen-klink

2. Röbel ist eines der schönsten Dörfer der Seenplatte.
   www.roebel.m-vp.de

3. Den Nationalpark Müritz erkundet man am besten per Rad oder zu Fuß.
   www.mueritz-nationalpark.de

4. Die Schlossinsel in Mirow sollte nicht ausgelassen werden.
   www.mv-schloesser.de/de/location/schloss-mirow

5. Neustrelitz ist architektonisch betrachtet das schönste Ende einer Tour.
   www.neustrelitz.m-vp.de

(1) Gemütliches Terrassencafé im Herzen von Waren an der Müritz (2) Idyllische Uferlandschaft mit Bootshäuschen im Mirower Kanal (3) Traumhafte Anlegestelle in der Nähe der Altstadt von Röbel

1 WAREN AN DER MÜRITZ

Zentrum der Seenplatte

Waren an der Müritz ist der Dreh- und Angelpunkt in der Großen Mecklenburger Seenplatte. Am Nordufer der kleinen Binnenmüritz gelegen, bietet die Stadt zunächst fast alles für den Start ins Abenteuer Hausbooturlaub. Der sanierte Altstadtkern um den Marktplatz verbirgt so manches architektonische Juwel, vom Turm der Marienkirche bietet sich ein herrlicher Blick über die Stadt und den Hafen bis hin zum Nationalpark Müritz, und am Müritzufer sorgen Terrassencafés und Restaurants fürs leibliche Wohl.

TIPP

Waren von oben sollten Sie sich nicht entgehen lassen. Die Aussicht vom Turm der Marienkirche ist einfach grandios, der Aufstieg kann täglich gemacht werden und ist nicht allzu schwer. www.stmarien.de

2 NATIONALPARK MÜRITZ

Landgang

Natürlich kann man den Nationalpark, der sich am Ostufer der Großen Müritz ausbreitet, auch vom Boot aus genießen. Doch die gesamte Schönheit der Natur wird erst deutlich, wenn das Boot mal am Anlegesteig bleibt und der Nationalpark zu Fuß oder mit dem Rad erkundet wird. Waren ist ein guter Ausgangspunkt. Vom Hafen sind es circa vier Kilometer zum Park-Eingang. Dort zeigt eine Tafel die Rad-/Wanderwege, gibt Informationen zu Flora und Fauna, aber auch darüber, was man im Park vermeiden sollte.

TIPP

Das Naturerlebniszentrum Müritzeum in Waren bietet auf einer Fläche von rund 2300 Quadratmetern viel Wissenswertes zu Natur und Umwelt in der Region, und das für die ganze Familie. www.mueritzeum.de

3 RÖBEL Sympathische Kleinstadt

Das beschauliche Röbel ist eine der schönsten und angenehmsten Kleinstädte in der Region Mecklenburger Seenplatte. Der Liegeplatz im Stadthafen am Fuße der Marienkirche ist geradezu optimal, um die Stadt zu Fuß zu besuchen. Vom Hafen aus sind es nur wenige Gehminuten zu den mittelalterlichen Ringgassen um den Marktplatz mit dem Rathaus und der Nikolaikirche sowie den zahlreichen, liebevoll restaurierten Fachwerkhäusern und einer guterhaltenen Windmühle. Nehmen Sie sich Zeit für Röbel – es lohnt sich!

TIPP

Kunst pur: Der bekannteste Sohn der Stadt, der Maler und Grafiker Werner Schinko, hat sich an der Hauswand in der Straße der Deutschen Einheit Nr. 47 neben dem Fischhaus Meyl für immer verewigt. www.amt-roebel-mueritz.de/seite/145480/werner-schinko.html

3

Die Schlossinsel in Mirow hat eine schöne Anlegestelle beim Bootsservice.

4 MIROW Schloss- und Liebesinsel

Die Schlossinsel ist wohl der Grund, warum so viele Touristen täglich nach Mirow kommen. Das schöne Ensemble aus Schloss, Kavaliershaus, Kirche und kleiner Liebesinsel kann sich eben sehen lassen. Die Bauwerke und der Garten sind nicht allzu pompös ausgestattet, die Gesamtfläche der Anlage erlaubt es, alles zu Fuß in wenigen Minuten zu erkunden. Und wer eine Pause einlegen möchte, kann über eine Brücke die Liebesinsel erreichen, wo Bänkchen mit Blick aufs Wasser zum Verweilen einladen.

TIPP

Bei der Schlossinsel gibt es eine schöne, ruhige Anlegestelle beim Bootsservice Rick & Rick. Näher ran an das Highlight kommen Sie nur zu Fuß. www.bootsservice-rick.de/html/hafen_1.html

5 NEUSTRELITZ Großzügig angelegt

Viel Kunst und Kultur bietet Neustrelitz. Und dass hier mal die Herzöge von Mecklenburg-Strelitz ihre Residenz hatten, ist an der Architektur der spätbarocken, sehr großzügig angelegten Stadt mit dem riesigen Marktplatz im Zentrum abzulesen. Großzügig angelegt wurde auch der Schlosspark in Hafennähe mit Orangerie, Kavaliershaus, Luisentempel, Alleen und Schlosskirche. Das am Stadtrand gelegene Slawendorf, wo unter anderem uraltes Handwerk zum Leben erwacht, und der Tierpark runden das sehenswerte Angebot ab.

TIPP

Die Ausmaße der Stadt lassen sich am besten vom Turm der Stadtkirche auf dem Marktplatz erkennen. Zudem hat man von dort einen wunderschönen Blick auf den See und die Umgebung. www.stadtkirche-neustrelitz.de

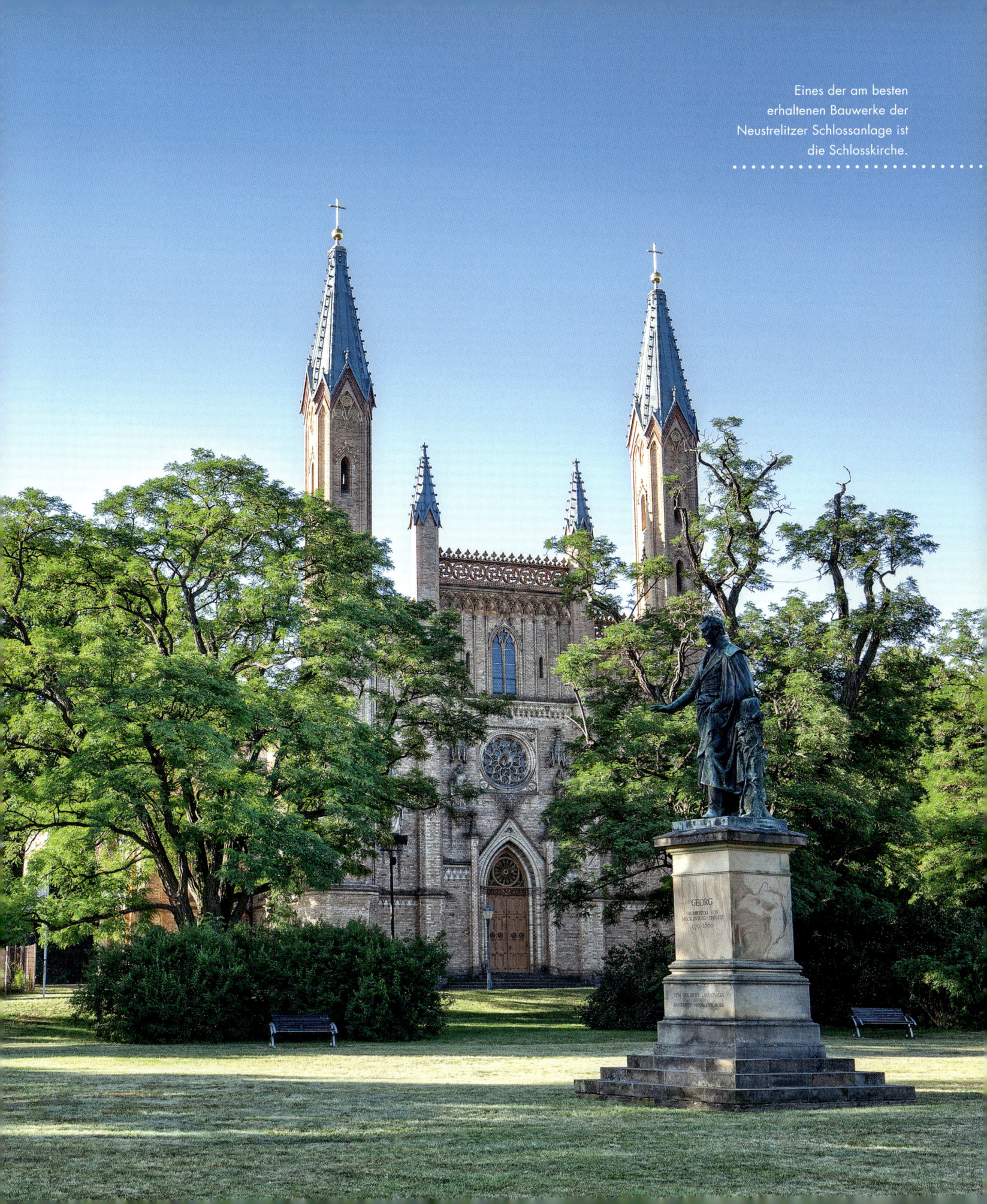

Eines der am besten erhaltenen Bauwerke der Neustrelitzer Schlossanlage ist die Schlosskirche.

6 RHEINSBERG

Ein Schloss wie aus einem Roman

Der in Berlin geborene Schriftsteller Kurt Tucholsky (1890–1935) kam gerne nach Rheinsberg, schrieb sogar einen Roman über die kleine Ackerbürgerstadt, die sich im 18. Jahrhundert zu einer barocken Residenzstadt entwickelt hat. Die nach ihm benannte Straße führt geradewegs zum Stadthafen, wo Gästeliegeplätze und die erforderliche Infrastruktur vorhanden sind. Ab hier kann man an der Uferpromenade entlang zum Glanzpunkt der Stadt flanieren: Schloss Rheinsberg. Schon die Lage des klassizistischen Schlosses am Grienericksee lohnt den Weg. Man kann auch mit dem Boot zum Schloss fahren, allerdings gibt es weder beim Schloss noch im angrenzenden Park eine Anlegestelle, und den Anker am Ufer werfen, ist verboten. In jedem Fall müssen Sie genügend Zeit mitbringen, um von der Tour nach Neustrelitz nach Rheinsberg abzuzweigen.

TIPP

Einige der Schlossräume können im Zuge einer empfehlenswerten Führung besichtigt werden. In anderen Räumen sind das Tucholsky-Literaturmuseum, die Kammeroper und die Rheinsberger Musikakademie untergebracht. www.spsg.de/schloesser-gaerten/objekt/schloss-rheinsberg

Ein echter Hingucker und bestens renoviert: Schloss Rheinsberg, leider ohne Bootsanleger

Auf dem Weg nach Schwerin
lohnt es sich, im Stadthafen
von Parchim vor Anker zu
gehen und die Stadt zu
erkunden.

3 AUF NACH SCHWERIN

Die Landeshauptstadt

Eine alte Wasserstraße, riesige Karpfenteiche aus der DDR-Zeit und ein märchenhaftes Schloss samt liebevoll gepflegtem Schlossgarten am Ende der Tour – auf nach Schwerin, in Mecklenburgs pulsierendes Herz.

Seit der Eröffnung der Wasserstraße Müritz-Elde kann Schwerin auch von der Mecklenburger Seenplatte aus mit dem Boot leicht erreicht werden. Ausgangspunkt kann Waren an der Müritz ebenso sein wie Malchow oder Plau am See. Ab Waren geht es zunächst über die Binnenmüritz durch den Reeckkanal bei Eldenburg in den Kölpinsee und dann weiter über den Fleesensee nach Malchow, ein guter Punkt, um anzulegen. Danach weiter über den Petersdorfer See durch den Lenzer Kanal in den Plauer See, direkt auf das Kleinstädtchen Plau zu, ein hervorragender Ort zum Verweilen. Nach der Plauer Schleuse in Plau geht es auf der Elde weiter gen Westen durch die Orte Lübz und Parchim. Nach Matzlow-Garwitz verzweigt sich die Wasserstraße: Links geht es nach Dömitz an der Elbe, geradeaus bringt Sie der Störkanal direkt zum Schweriner See und nach Schwerin.

»DIE TOP 5 HIGHLIGHTS UND LIEGEPLÄTZE DER REGION«

1. **Malchow**. Zauberhaftes Inselstädtchen. www.inselstadt-malchow.de/seite/179285/touristinformation.html

2. **Plau am See**. Ort und neuer Stadthafen. www.plau.de

3. **Parchim**. Ort und Wasserwanderrastplatz. www.hafen-in-parchim.de

4. **Lübz**. Altstadt und Bierbrauerei. www.luebz.m-vp.de

5. **Schweriner Schloss**. Märchenhaftes Mecklenburg. www.mv-schloesser.de/de/location/schloss-schwerin

(1) Der Lenzer Kanal verbindet den Petersdorfer See mit dem Plauer See, über den es direkt nach Plau geht.
(2) Das Wahrzeichen der Kleinstadt Plau am See: die blaue Hubbrücke im historischen Zentrum der Stadt

1 MALCHOW — Zauberhafter Inselort

Von der alten Klosterstadt Malchow liegt nur der historische Kern auf einer kleinen Insel im Malchower See, verbunden mit dem Festland durch einen künstlichen Damm und eine moderne Drehbrücke, die bei der Bedienung zum Publikumsmagneten wird. Vom schmucken Hafen am Festland sind es gerade mal fünf Gehminuten ins historische, schön restaurierte Zentrum. Achten Sie dabei aber auf die Bedienungszeiten der Drehbrücke, sonst kann sich der Aufenthalt in der Altstadt unfreiwillig ganz schön verlängern.

TIPP

Der Beachclub in der Lange Straße 11 verströmt Mittelmeer-Flair mit Sandstrand am Wasser, Liegestühlen, Hängematten und einer einfachen Bar mit exotischen Drinks. www.bootforfun.de

2 PLAU AM SEE — Stadt der Hühnerleiter

»Historische Schleuse mit Hühnerleiter« steht auf der Liste der Sehenswürdigkeiten von Plau. Schleuse mit Fischstufen ist allgemein bekannt, aber Hühnerleiter? Erst wenn man davor steht und die Informationstafel liest, wird deutlich: Es ist eine Schleusenbrücke, die von ihrem Aussehen und ihrer Bauweise einer Hühnerleiter von einst ähnelt. Doch das wahre Highlight der Stadt liegt ein paar Schritte weiter: die blaue Hubbrücke. Etwa 1,5 Kilometer weiter am Wasser entlang befindet sich der neue Hafen mit kleinem Leuchtturm samt Aussichtsplattform.

TIPP

Dem Wasser mal den Rücken kehren und durch den historischen Kern von Plau laufen. Zu sehen gibt es hübsche Fachwerkhäuser, kopfsteingepflasterte Gassen und das alte Rathaus am Marktplatz. www.plau.de

Der Schuhmarkt im Herzen von Parchim gehört zu den wohl schönsten Plätzen der Kleinstadt.

4 LÜBZ Schmucke Brauereistadt

Friedlich schmiegt sich Lübz an die Ufer der Müritz-Elde-Wasserstraße. Mit der aufwendigen Renovierung des alten Stadtkerns mit Marktplatz, Ziegenmarkt, Amtshaus, Amtsturm mit Museum, Rosengarten und den Eldebrücken wurde bereits zwei Jahre nach der Wende begonnen. Heute kann sich das schmucke Kleinstädtchen mehr als sehen lassen. Bekannt ist Lübz aber nicht nur wegen seiner hübschen Altstadt, sondern auch wegen der hier ansässigen Brauerei, die zu den größten Bierproduzenten in Norddeutschland zählt.

TIPP

Den Braumeistern über die Schultern gucken: Die Lübzer Brauerei kann von Montag bis Freitag zweimal täglich bei einer Führung besichtigt werden. Anmeldungen erwünscht. www.luebzer.de

3 PARCHIM Freie Amtsstadt

Auf Besucher wartet ein kulturhistorischer Kern mit Altem Markt, Schuhmarkt, Ziegenmarkt, spätgotischem Rathaus und den mittelalterlichen Backsteinkirchen Sankt Georgen und Sankt Marien. Dazu kommen ein Heimatmuseum, wunderschöne Fachwerkhäuser und zahlreiche einladende Restaurants. Parchim ist ein Kleinod mit besonderem Flair und außergewöhnlichen Sehenswürdigkeiten. Dazu einer sehr guten touristischen Infrastruktur, die auch Freizeitkapitänen zugutekommt. Anlegen und verweilen!

TIPP

Der Wasserwanderrastplatz Parchim, auch als Stadthafen bekannt, befindet sich direkt im Ort und eignet sich durch seine ideale Lage für eine oder mehrere Übernachtungen. www.hafen-in-parchim.de

5 SCHWERIN Residenzstadt

Die Großherzöge von Mecklenburg-Schwerin hinterließen mit ihrer Residenz eines der schönsten und prunkvollsten Schlösser in Mecklenburg-Vorpommern. Das Schloss ist die Hauptattraktion der knapp 100 000 Einwohner zählenden Landeshauptstadt. Aber auch das gegenüberliegende Staatliche Museum mit alter und zeitgenössischer Kunst, die Schelfstadt am Ostufer des Pfaffenteiches und südlich davon die Altstadt mit dem monumentalen Dom, eines der besten Beispiele der Backsteingotik in Norddeutschland, lohnen einen Besuch.

TIPP

Keine Zeit, um alles zu sehen? Dann besteigen Sie am besten den Turm des Schweriner Doms, der Ihnen die Stadt, ihre Sehenswürdigkeiten und ihre Umgebung zu Füßen legt. www. dom-schwerin.de

Viele der Fachwerkhäuser
und Gassen mit Kopf-
steinpflaster in Lübz sind
hervorragend restauriert.

Bei einem Besuch der
Mecklenburgischen Hauptstadt
sollte das Schloss Schwerin
auf keinen Fall ausgelassen
werden.

6 DÖMITZ

Reizvoller Abstecher an die Elbe

Von der Müritz-Elde-Wasserstraße zweigt bei Matzlow-Garwitz die Elde Richtung Süden ab und führt vorbei an großflächigen Karpfenteichen, deren Blütezeit in der DDR-Zeit lag. Durch das reizvolle Neustadt und die historische Fachwerkstadt Grabow geht es direkt an die Elbe. Zeit und Geduld sollten Sie für den Abstecher mitbringen. Die maximale Geschwindigkeit für Boote liegt bei sechs Stundenkilometern, und die Schleusen müssen alle selbst bedient werden. Der Schleusenvorgang gestaltet sich ziemlich langsam, da großer Wert auf Sicherheit gelegt wird. In der Hauptsaison kann es sich deshalb bei den insgesamt sieben Schleusen zwischen Neustadt und Dömitz richtig stauen. Am Ende der Tour werden Sie aber im reizvollen Dömitz mit einer gut erhaltenen Festung und der größten Düne im Binnenland Europas belohnt.

TIPP

Martins Café in Dömitz ist eine Institution. Der Hamburger und ehemalige Musikproduzent Martin kehrte seinem Job den Rücken, verließ die Hansestadt und eröffnete in Dömitz ein Musikcafé. https://martins-musiccafe.de

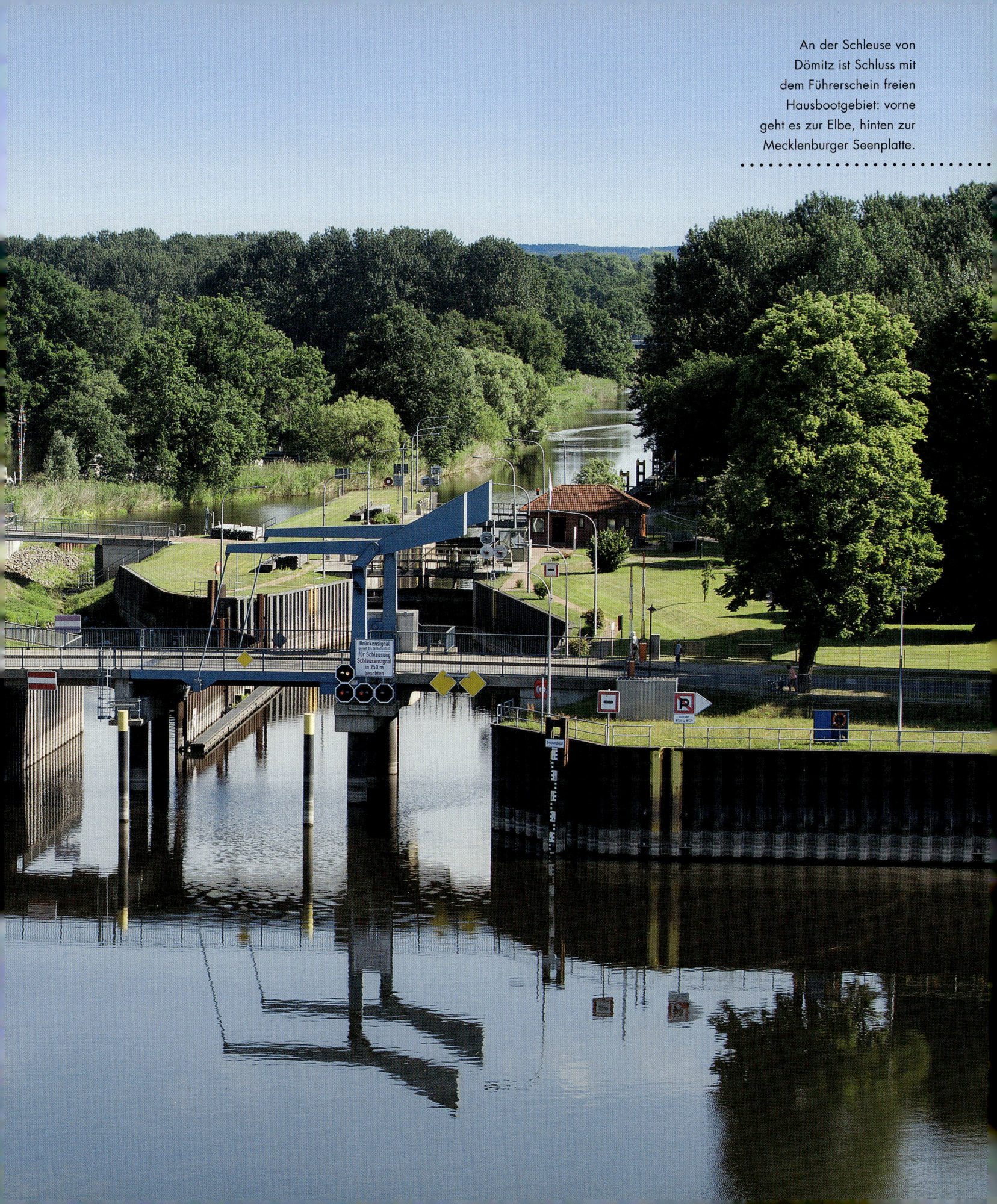

An der Schleuse von
Dömitz ist Schluss mit
dem Führerschein freien
Hausbootgebiet: vorne
geht es zur Elbe, hinten zur
Mecklenburger Seenplatte.

Die Marina Röblinsee
ist eine der wenigen
Anlegemöglichkeiten mit
Infrastruktur im Röblinsee

4 STECHLINER UND RUPPINER LAND

In Fontanes geliebtem Garten

Die reizvolle Landschaft des Stechliner und Ruppiner Landes strahlt viel Ruhe aus. Schon der Schriftsteller Theodor Fontane schwärmte von den Naturschönheiten dieser Region. Trotzdem handelt sein Roman »Der Stechlin« nicht von der Schönheit dieses Fleckens.

Rund 170 Seen inmitten von Wäldern, Wiesen und anderen Nutzflächen, vernetzt durch kleine Flüsse und die kanalisierte Havel, bilden das Fahrgebiet für Freizeitkapitäne, Kanuten, Ruderer und sonstige Wassersportler. Das Fahrgebiet eignet sich bestens für ungeübte Hausbooturlauber. Die Seen sind nicht allzu groß, das Fahrwasser eher ruhig, die Freizeit- und Berufsschifffahrt hält sich in Grenzen, und

es gibt nur zwei Schleusen: eine in Fürstenberg, eine in der Steinhavel zwischen dem Röblinsee und dem Menowsee, von dem es dann schleusenlos in den Ziernsee weitergeht. Zudem kann man auf den Routen 5 und 6 zwei weitere, eher ruhige Fahrgebiete Richtung Westen bzw. nach Süden Richtung Oder erkunden und so locker mehrere Tage hier verbringen. Ausgangspunkt ist Fürstenberg an der Havel.

»DIE TOP 5 HIGHLIGHTS UND LIEGEPLÄTZE DER REGION«

1. **Fürstenberg an der Havel**. Sympathische Wasserstadt. www.fuerstenberg-havel.de

2. **Ravensbrück**. Siehe Route 5. www.ravensbrueck-sbg.de

3. **Marina Röblinsee**. Guter Liegeplatz; lädt zum Verweilen ein. www.marinaroeblinsee.de

4. **Röblinsee**. Einstiges Klostergewässer. www.seen.de/roeblinsee

5. **Ziernsee**. Grenze zwischen Mecklenburg und Brandenburg. www.seen.de/ziernsee

(1) Überrest eines ehemaligen Wasserkraftwerkes in der Gänsehavel in Fürstenberg an der Havel (2) In der Marina Röblinsee liegen hypermoderne Hausboote, die kaum einen Wunsch offen lassen. (3) Im Ziernsee kann man auch mal außerhalb eines Hafens seinen Anker werfen.

2 RÖBLINSEE Einstiges Klostergewässer

Der rund zwei Kilometer lange und 500 Meter breite Röblinsee gehörte einst zum Zisterzienserkloster Himmelpfort, das im Jahre 1299 durch den brandenburgischen Markgrafen Albrecht III. gestiftet wurde. Gleichzeitig mit der Gründung erhielten die Mönche die alleinigen Nutzungsrechte für das Gewässer westlich von Fürstenberg, das heute den See unter seiner Obhut hat. Am Nordufer liegt der öffentliche Badestrand, am Südufer der Stadtteil Röblinseesiedlung, von den Einheimischen als die schönste Wohngegend weit und breit bezeichnet.

TIPP

Die Marina Röblinsee in der gleichnamigen Siedlung hat Gästeliegeplätze – ein wirklich angenehmer Ort für eine oder mehrere Übernachtungen am Wasser. www.marinaroeblinsee.de

1 FÜRSTENBERG Die Wasserstadt

Für die sympathische, gepflegte Kleinstadt sollte ein halber Tag veranschlagt werden, um alle Sehenswürdigkeiten der Stadt zu Fuß zu erkunden. Die historischen Fischerhäuser im Fachwerkstil in der Havelstraße etwa oder die Villen in der Gartenstraße, die vom wirtschaftlichen Aufschwung der Stadt Anfang des 20. Jahrhunderts zeugen. Das barocke Schloss beim Stadtpark samt Hafen kann allerdings nur von außen besichtigt werden. Oder einfach am Marktplatz mit dem Eiszeitbrunnen und der Dorfkirche verweilen und das Alltagsleben beobachten.

TIPP

Die Touristeninformation hinter der Kirche am Marktplatz hält einen kostenlosen Stadtplan bereit mit Informationen zu den Sehenswürdigkeiten und einem Rundgang. https://fuerstenberg-havel.de/tourismus/index.php

3 ZIERNSEE Natürliche Grenze

Das Süd- und Ostufer des Ziernsees, der etwas größer als der Röblinsee ist, bildet die Grenze zwischen Mecklenburg-Vorpommern und Brandenburg. Hier muss diese Tour nicht unbedingt enden, denn im Südwesten führt eine Verbindung zum Ellbogensee bei Priepert. Von dort kann man Richtung Norden weiterschippern über Wesenberg nach Neustrelitz (Route 2) oder über die Kleine und die Große Mecklenburger Seenplatte bis nach Waren an der Müritz fahren, vielleicht noch mit einem Abstecher nach Rheinsberg? Klingt verlockend, ist allerdings zeitraubend.

TIPP

Einen wunderschönen Liegeplatz gibt es beim Campingplatz Ziernsee – Haveltourist. Ruhige Lage, gute Infrastruktur. www.haveltourist.de

Der Schleusengraben von
Himmelpfort führt direkt in den
Stolpsee und ist auch ein guter
Liegeplatz für den Ort.

5 UCKERMÄRKISCHE SEEN

Geschichtsträchtige Region

Klare, türkis bis dunkelblau schimmernde Seen, verwunschene Moore, sanft gewellte, stille Landschaften – Natur, Geschichte und Traditionen wechseln sich in diesem Teil der Uckermark östlich von Fürstenberg mit jedem Kilometer ab.

Die Mahn- und Gedenkstätte Ravensbrück hält ein dunkles Kapitel der deutschen Geschichte wach, der Naturpark Uckermärkische Seen verzaubert mit seiner Flora und Fauna, und das Weihnachtspostamt in Himmelpfort leitet unermüdlich die Wünsche ans Christkind weiter. Vom Ausgangspunkt Fürstenberg geht es über den Baalensee durch einen schmalen Havelkanal in den Schwedtsee, an dessen Nordostufer sich das KZ-Gedenkstätte Ravensbrück befindet. Am Südostufer führt dann die Siggelhavel in den Stolpsee und weiter nach Himmelpfort. Ab dort geht es auf der Woblitz in den Großen Lychensee, an dessen Ostufer die Kleinstadt Lychen liegt. Im Stadthafen kann der Anker geworfen werden, oder man schippert weiter in den Oberpfuhlsee und/oder den Zenssee. Wasser unterm Kiel gibt es hier genügend für längere Fahrten.

»DIE TOP 5 HIGHLIGHTS UND LIEGEPLÄTZE DER REGION«

1. **Ravensbrück.** Dunkles Kapitel der Geschichte.
   www.ravensbrueck-sbg.de

2. **Liegeplatz Stolpsee Bootshaus am Ostufer des Sees.**
   https://www.stolpsee-bootshaus.de

3. **Schleusengraben Himmelpfort.** Ruhige Anlegestelle.
   Keine Website.

4. **Lychen.** Reizvolle Flößerstadt.
   www.lychen.de

5. **Stadthafen Lychen, circa 500 m vom Zentrum entfernt.**
   www.lychen-hafen.de

Die Plastik »Frauengruppe« von Will Lammert steht vor der Mauer der nationalen Mahn- und Gedenkstätte Ravensbrück.

1 RAVENSBRÜCK

Unvergessen – ein dunkles Kapitel

Im April 1945 war das Leiden und Elend von Tausenden Frauen endlich vorbei. Die Rote Armee befreite die verbliebenen Häftlinge aus dem Konzentrationslager Ravensbrück, das auch als Frauen-KZ-Ravensbrück in die Geschichte eingegangen ist. Es war das größte Konzentrationslager für Frauen während der Zeit des Nationalsozialismus. Rund 132 000 Frauen und Kinder waren damals hier inhaftiert. Zum gesamten Ravensbrücker Lagerkomplex gehörte auch das Jugendkonzentrationslager Uckermark, in dem etwa 20 000 Männer und junge Frauen aus 40 Nationen interniert waren. Schätzungen zufolge kamen hier etwa 28 000 Häftlinge ums Leben. Nach der Befreiung wurde die Anlage bis 1993 als Kaserne der sowjetischen Armee genutzt. Die Mahn- und Gedenkstätte wurde 1959 eröffnet.

TIPP

Der Besuch der Mahn- und Gedenkstätte Ravensbrück sollte keinesfalls ausgelassen werden. Direkt dort kann man mit dem Boot allerdings nicht anlegen. Die Anreise sollte deshalb mit dem Rad oder Bus erfolgen (ca. 3 km ab Fürstenberg). www.ravensbrueck-sbg.de

Der Weihnachtsmann in Himmelpfort wartet das ganze Jahr hindurch geduldig auf Post.

2 HIMMELPFORT Grüße vom Weihnachtsmann

Vor der Touristeninformation steht ein hölzerner Weihnachtsmann, daneben ein Briefkasten, und am Fenster dahinter ist zu lesen, dass hier die Helferinnen und Helfer des Weihnachtsmannes ihn bei der Verwaltung seiner Post unterstützen. Denken Sie daran, wenn Sie hier unterwegs sind, dass Sie vielleicht schon die Weihnachtspost mit Ihren oder den Wünschen Ihrer Kinder zum Fest abgeben können. Außerdem Weihnachtspostamt können in Himmelpfort eine Klosterruine und eine gute erhaltene Klosterkirche besichtigt werden.

TIPP

Eine gute Anlegemöglichkeit besteht im Schleusengraben Himmelpfort vor der Brücke im Ortszentrum. Erst danach kommt die Schleuse in den Haussee, auf dem es dann Richtung Lychen weitergeht.

3 LYCHEN Die Flößerstadt

Ein Museum in der Clara-Zetkin-Straße beleuchtet das einstige Gewerbe, das dem Kleinstädtchen den Beinamen Flößerstadt einbrachte. Neben dem Flößereimuseum ist die Sankt-Johannes-Kirche, die in der zweiten Hälfte des 13. Jahrhunderts als Marienkirche errichtet wurde, ein Anziehungspunkt der Stadt. Der wuchtige Sakralbau zählt zu den größten Feldsteinkirchen Brandenburgs und wird vom Westturm dominiert. 1835 erhielt die Kirche einen Tauftisch aus Holzbronze zum Geschenk. 2010 wurde das Kirchenschiff vollständig renoviert.

TIPP

Das Flößereimuseum und das einmal pro Jahr stattfindende Flößerfest sind interessante und abwechslungsreiche Möglichkeiten, sich in das Thema Flößerei zu vertiefen. www.floesserverein-lychen.de/das-floessereimuseum.html

Dominant ist die Erscheinung
der Sankt-Johannes-Kirche
über dem historischen Kern
von Lychen.

Im Zehdenicker Hafengebiet nahe der Schleuse gibt es genügend Anlegeplätze.

6 OBERE HAVELNIEDERUNG

Lebensraum für Brut- und Zugvögel

Morgens um sieben ist die Welt noch in Ordnung! Leichter Dunst überzieht die Wasseroberfläche, während die Vögel mit ihrem Gezwitscher unermüdlich die Sonne begrüßen — einen besseren Start in den Tag wird es hier wohl nicht geben.

Weite Flächen des Naturraums Obere Havelniederung fallen in das europäische Schutzprojekt »Natura 2000«. Die Europäische Union will damit unter anderem besonders schützenswerte Flora und Fauna für die Nachwelt erhalten. In der Oberen Havelniederung sind es vor allem Vögel, für die eine Schutzzone eingerichtet wurde. Die Liste der hier ansässigen Vögel ist ebenso lang wie die Liste der Schutzzonen in ganz Brandenburg. Ausgangspunkt ist Fürstenberg an der Havel, die hier den Baalensee, Schwedtsee und Stolpsee miteinander verbindet. Über diese Seen geht es zunächst Richtung Osten und bei Regelsdorf in den Stolpsee, dann auf der Havel Richtung Süden nach Mildenberg, Zehdenick bis nach Liebenwald, wo das führerscheinfreie Gewässer endet. Wer weiter will nach Berlin, braucht den Bootsführerschein Binnen.

»DIE TOP 5 HIGHLIGHTS UND LIEGEPLÄTZE DER REGION«

1. **Ziegeleipark Mildenberg**. Geschichtsträchtiger Ort mit Museum. www.ziegeleipark.de

2. **Vogelschutzgebiet Obere Havelniederung**. Ornithologische Vielfalt. www.barnim-naturpark.de/unser-auftrag/natura-2000/vogelschutzgebiete-spa-gebiete

3. **Zehdenick**. Die Kleinstadt hält für Urlauber viel parat. www.zehdenick.de/index.html

4. **Alter Hafen Ziegelei**. In der Ziegelei Mildenberg ankert man am besten im alten Hafen. www.ziegeleipark.de/marina-alter-hafen

5. **Marina Liebenwald**. Klein, aber fein ist die neue Marina am Finowkanal. www.liebenwalde.de/verzeichnis/visiten-karte.php?mandat=150188

Beeindruckendes und interessantes Erbe im Ziegeleipark Mildenberg, der heute als Museum seine Türen geöffnet hat.

1 ZIEGELEIPARK MILDENBERG

Industriegeschichte

Wie groß die Mildenberger Ziegelei einst war, würde sich eigentlich nur aus der Luft am besten ermessen lassen. Doch schon vom Wasser aus oder beim Landgang ist das sichtbare, industrielle Erbe beeindruckend. Millionen von Ziegeln verließen hier jährlich das Gelände auf dem Weg nach Berlin. In Spitzenzeiten wurden über eine halbe Milliarde Ziegelsteine pro Jahr produziert. Bis 1991 wurden noch weite Teile der Anlage, die einst zu den größten Ziegelproduktionsstätten Europas zählte, für die Herstellung genutzt.

TIPP

Der Ziegeleipark ist heute ein Ort für vielfältige Veranstaltungen, darum vor der Reise auf den Veranstaltungskalender gucken, nicht nur, ob etwas Interessantes dabei ist, sondern auch wegen der wenigen Liegeplätze im Alten und Neuen Hafen. www.ziegeleipark.de

2 ZEHDENICK Kleinstadt an der Havel

Erste Spuren der Besiedelung führen bis in die slawische Zeit um das 7. Jahrhundert zurück, als hier an einem Havelübergang eine Befestigung entstand. Von damals ist nichts mehr erhalten geblieben. Interessant sind heute die Schleuse im Ortszentrum, das zum Hotel umgebaute Schloss auf einer Halbinsel, das Schiffermuseum, die Ruine des einstigen Zisterzienserklosters samt Klosterkirche und natürlich die Hastbrücke im Zentrum, eine historische Hubbrücke und das Wahrzeichen der Stadt.

TIPP

Der große Kahn von 1916, das Museumsschiff »Carola« bei der Elisabethmühle, dokumentiert mit historischen Zeichnungen und Fotografien die Geschichte der Schifffahrt in Zehdenick. www.zehdenick-tourismus.de/zehdenick-schiffermuseum-carola.html

Im Huckepack lässt sich auch ein Wohnwagen als »Wohnboot« verwenden. Eine wirklich gute Idee.

3 VOGELSCHUTZGEBIET OBERE HAVELNIEDERUNG

Natur pur und viele Vögel

Über 45.000 Hektar Land in Brandenburg südlich von Liebenwalde wurden als Vogelschutzgebiet ausgewiesen, unter anderem als Brutplatz für rund 40 permanent ansässige Vogelarten wie Eisvogel, Rohrdrommel, Wanderfalke, Schwarzstorch, See- und Schreiadler. Zudem zählt das Gebiet, das einen Teil des Naturparks Barnim ausmacht, zum Rast- und Überwinterungsgebiet von etwa 20 Vogelarten, darunter Graugans und Haubentaucher. Ob heimisch oder nur auf der Durchreise – die zahlreichen Brut- und Zugvögel finden eine wahre Oase in dieser typischen Tonstichlandschaft mit wassergefüllten Tongruben, unberührten Flussauen, Mooren und Sümpfen, strukturiertem Agrarland, kleinen Laub- und Mischwaldbeständen. Informationen gibt es unter anderem im Naturparkzentrum in Wandlitz und in der Liebenwalder Touristeninformation.

TIPP

Abwechslung zum Bootsalltag: das Heimatmuseum Liebenwalde im ehemaligen Stadtgefängnis am Marktplatz 20 zeigt einen geschichtlichen Überblick vom Mittelalter bis in die Gegenwart. www.museum-im-knast.de

Auf ihrem Flug ins Winterquartier rasten Graugänse im Naturschutzgebiet.

Einfaches, aber
zweckmäßiges Floßhausboot
im Hafen von Loitz

7 UNTERES PEENETAL

Stilles Land am Moor

Jede Menge Natur, viel Einsamkeit und wohltuende Ruhe – das Naturschutzgebiet Unteres Peenetal eignet sich bestens, um für ein paar Tage so richtig auszuspannen und inmitten der Natur an einem schönen Wasserwanderplatz zu ankern.

Etwa 1500 Hektar umfasst das seit März 1979 unter Naturschutz gestellte Gebiet beidseitig der Peene, das zu zwei Dritteln aus Moorlandschaft besteht und oft auch als Peenetalmoor bezeichnet wird. Dem Moor ist es auch zu verdanken, dass hier kaum Wege und Straßen vorhanden sind, wodurch Stille und Ruhe bis heute bewahrt geblieben sind. Der Einsamkeit entfliehen kann man je nach Zeit, Lust und Laune mit einem kleinen Stadtbummel durch schöne restaurierte Kleinstädte wie Demmin, Loitz oder Anklam. Als Ausgangspunkt, an dem auch Hausboote angemietet werden können, eignet sich Neukalen am Westufer des Kummerower Sees, Demmin und Anklam. Neben klassischen Hausbooten sind auch Floßhausboote zu mieten, ideal für eine Tour auf der ruhigen Peene.

»DIE TOP 5 HIGHLIGHTS UND LIEGEPLÄTZE DER REGION«

1. **Wasserwanderrastplatz Aalbude.** Schöner Liegeplatz mit guter Infrastuktur.
   https://pension-aalbude.de

2. **Loitzer Stadthafen.** Zentral gelegen und ruhig.
   www.loitz.de/tourismus/wassertourismus/hafen-und-sportbootmarina-loitz

3. **Wasserwanderrastplatz Sophienhof.** Stiller Rastplatz mit Badestelle.
   www.loitz.de/tourismus/wassertourismus/wasserwanderrastplatz-sophienhof

4. **Wasserwanderrastplatz Alt Plestin.** Beliebter Rastplatz in Ortsnähe.
   www.flussinfo.net/peene/galerie/8128-einsetzstelle-alt-plestlin-wasserwanderrastplatz

5. **Wasserwanderrastplatz Stolpe beim Restaurant Stolper Fährkrug.**
   www.vorpommern.de/reiseziele/details/stamm/show/wasserwanderrastplatz-stolpe-an-der-peene

(1) Bunte Bootshäuschen in der Peene bei Neukalen am Krummerower See, dem Startpunkt durch das Peenetal (2) Nur mit Muskelkraft – umweltfreundlicher geht es wohl kaum durchs Peenetal, wenn auch nur sehr, sehr langsam. (3) Im Demminer Hanseviertel dreht sich alles ums Mittelalter.

1 NEUKALEN — Hotspot für Wassersport

Obwohl die Stadt um den Marktplatz mit einigen historischen Bauwerken aufwartet, dreht sich in Neukalen am Westufer des Kummerower Sees fast alles um den Wassersport. Zentrum ist der 1993 neu gestaltete Hafen, der bereits 1863 zusammen mit dem Peenekanal angelegt wurde, um der Stadt wirtschaftliche Impulse zu geben. Umgeschlagen wurden vor allem Agrarprodukte. Davon ist heute nichts mehr zu sehen. Heute ankern hier moderne Hausboote, Kanus und Jachten, umgeben von Restaurants. Der Altstadt sollte man dennoch einen Besuch abstatten.

TIPP

Wenn Sie ein Floßhausboot für die Tour durchs Untere Peenetal suchen, können Sie vielleicht bei www.flosshausbooturlaub.de fündig werden. Dies sollte aber nicht als Empfehlung des Autors/Verlags verstanden werden!

2 LOITZ — Romantische Kleinstadt

Auf den ersten Blick sieht man Loitz nicht an, dass es nahezu 800 Jahre auf dem Buckel hat. Ein Rundgang durch den historischen Kern, der sich um die aus dem 13. Jahrhundert stammende Marienkirche gruppiert und nach der Wende systematisch saniert wurde, ist anzuraten. Das barocke Rathaus, die Stadtbefestigung mit gut erhaltener Mauer und dem Steintor sowie der Kulturkonsum, ein Ort für Ausstellungen, sollten dabei nicht versäumt werden. Vom Stadthafen sind es nur wenige Gehminuten ins Zentrum der Stadt.

TIPP

Das Restaurant Korl Loitz im ehemaligen Wasserbahnhof am Stadthafen zählt zu den besten kulinarischen Adressen am Ort. Zudem ist der Fachwerkbau auch noch ein echter Hingucker. www.restaurant-loitz.de

3 DEMMIN Blick ins Mittelalter

Der Lübecker Speicher, das Luisentor mit Pulverturm und die Mariakirche fallen sofort ins Auge, wenn man mit dem Boot nach Demmin hineinfährt. Im Demminer Hanseviertel gegenüber dem Anleger der Rundfahrtschiffe werden noch uralte Traditionen und Bräuche gehegt und gepflegt und täglich den Besuchern vorgeführt: Töpfer, Korbflechter, Fischer, Bäcker und Schmiede zeigen ihr mittelalterliches Handwerk. Dazu erfährt man Wissenswertes über den Hanseverbund, dem auch das heute knapp 12 000 Einwohner zählende Demmin angehörte.

TIPP

Wer sich für Mittelalter interessiert, wird diese Thematik häufig im Veranstaltungskalender von Demmin finden: darunter das »Mittelalterliche Frühlingsfest« im Mai oder »Mittelalterliche Klänge« im Juni. www.demmin.de/veranstaltungen

3

(1) Der Marktplatz von Anklam ist Zentrum und sozialer Treffpunkt der Stadt zugleich. (2) Ausstellungsstücke aus dem Museum Otto-Lilienthal in der Nikolai-Kirche

4 ANKLAM Reizvolles Hansestädtchen

In Anklam endet die führerscheinlose Bootsfahrt durch das Untere Peenetal. Die freie Hansestadt mit über 12 000 Einwohnern wurde Mitte des 13. Jahrhunderts erstmals urkundlich erwähnt. Um und nahe dem Marktplatz gruppieren sich einige der historisch interessantesten Gebäude, darunter das Rathaus, das Steintor mit dem Stadtmuseum oder die wuchtige Nikolaikirche. Sie gilt als Wahrzeichen der Stadt, dient heute als Ausstellungsort und zeugt mit ihrer Ausstrahlung vom einstigen Wohlstand der Bewohner.

TIPP

Der Wasserwanderrastplatz von Anklam liegt etwa einen Kilometer außerhalb des Zentrums. In circa zehn Gehminuten gelangt man von dort in der Stadt. https://wasserwander-rastplatz-anklam.de

5 OTTO-LILIENTHAL-MUSEUM

Erbe des Flugpioniers

Am Anfang der modernen Flugindustrie steht der Anklamer Otto Lilienthal (1848–1896), der schon in jungen Jahren vom Fliegen fasziniert war. Mit seinen technischen Kenntnissen, 21 Flugobjekten und rund 2000 Flügen legte er den Grundstein für die heutige Luftfahrt. Am 9. August 1896 kam das abrupte Ende des passionierten Fliegers: Lilienthal stürzte bei einem Flugversuch bei Stölln am Gollenberg aus etwa 15 Metern Höhe ab und starb einen Tag später in einem Berliner Krankenhaus. Sein Erbe wird im Museum in Anklam bewahrt.

TIPP

Das kleine, aber feine Lilienthal-Museum in der Ellbogenstraße 1 in Anklam lohnt den Besuch und ist mit interaktiven Spielen und Modellen auch für Kinder reizvoll. http://lilienthal-museum.de/olma/home.htm

Unterwegs auf dem
Dargeinen-See zwischen
Lötzen und Steinort

8 MASURISCHE SEENPLATTE
Durchs ehemalige Ostpreußen

Wer Natur und Einsamkeit liebt, die Schlichtheit der verschlafenen Kleinstädte und Dörfer mag und auch mal auf Bequemlichkeit und Komfort verzichten kann, der ist in der Masurischen Seenplatte an der richtigen Adresse.

Geologisch betrachtet ist die Masurische Seenplatte im Nordosten Polens eine eiszeitliche Moränenlandschaft mit rund 3000 Seen. Genau gezählt hat man die Seen allerdings noch nicht so richtig. 25 Seen samt 200 Kilometern Verbindungskanäle bilden das Hausbootrevier, das sich von Angerburg im Norden bis nach Ruciane-Nida im Süden erstreckt. Das reicht allemal für einen mehrtägigen Urlaub auf dem Boot. Die Natur ist oft unberührt und dominiert einen großen Teil der Seenplatte, die deswegen auch oft als die »Grüne Lunge Mitteleuropas« bezeichnet wird. Dreh- und Angelpunkte der Region sind Gizycko (Lötzen) und Mikolajki (Nikolaiken). Von den Orten aus kann man nach Norden bis in den Mauersee und in den Süden bis nach Ruciane-Nida schippern. Nationale und internationale Vermieter haben dort ihre Basen.

»DIE TOP 5 HIGHLIGHTS UND LIEGEPLÄTZE DER REGION«

1. **Angerburg.** Anlegen direkt im Ort.
   https://ostpreussen.net/ostpreussen/orte.php?stadt=8

2. **Hafen von Steinort.** Einfacher, aber stiller Liegeplatz.
   https://ostpreussen.net/ostpreussen/orte.php?stadt=268

3. **Lötzen.** Schöne Kleinstadt im Herz der masurischen Seenplatte.
   www.gizycko.pl/de/main_de.html

4. **Mikolajki, die Perle der Seenplatte.**
   www.polen.travel/de-at/stadte/mikolajki-perle-der-masurischen-seenplatte

5. **Jachthafen Ruciane-Nida.** Das südliche Ende.
   https://www.marina-guide.de/marina/port-jachtowy-guzianka

Kleiner Bootshafen am Ufer des Mauersees in Angerburg

2 STEINORT Polnische Wildnis

Steinorter Wildnis hieß das Stück Land, mit dem die vermögende Familie Von Lehndorff aus der Region Königsberg im 16. Jahrhundert belehnt wurde. Als Stammsitz wurde bis 1945 ein vorhandenes Schloss genutzt, das Gutsdorf erhielt den Namen Steinort. Das Schloss ist heute nur noch von außen zu besichtigen; der Park mit Teich ist frei zugänglich. Für Ruhesuchende ist Steinort ein guter Anlegeplatz. Der beschauliche Ort liegt am Nordostufer der Sees Sztynorckie, von dem aus ein schmaler Kanal in die Seen Labap und Dargin führt.

TIPP

16 Kilometer von Steinort entfernt befindet sich die Wolfsschanze, Hitlers Führerhauptquartier im Zweiten Weltkrieg, das heute Gedenkstätte an das Attentat vom 20. Juli 1944 ist. www.wolfsschanze.pl/en/historia.html

1 MAUERSEE UND ANGERBURG

Der hohe Norden

Der äußerste Norden der masurischen Seenplatte wird vom 104 Hektar großen Mauersee (Jezioro Mamry) gebildet. An seinem Nordwestausgang, dem Masurischen Kanal, endet das Hausbootrevier. Im Nordosten führt der Fluss Wegorapa, in dessen Krümmung ein Kanal den Weg verkürzt, in die größte Stadt der Region: Angerburg (Wegorzewo, 12 000 Einwohner). Vom Hafen aus sind es nur ein paar Gehminuten zu dem im Jahre 1398 erbauten Schloss und zur spätgotischen Pfarrkirche Sankt Peter und Paul im Stadtzentrum.

TIPP

Im interaktiven Freilichtmuseum wird auf anschauliche Weise das Leben von anno dazumal in der Region beleuchtet und bietet damit Information und Unterhaltung für die ganze Familie. www.muzeum-wegorzewo.pl

3 GIŻYCKO Lötzen

Die zentrale Lage in Herzen der masurischen Seenplatte macht das bezaubernde Lötzen zum idealen Ausgangspunkt für einen Hausbooturlaub. Die Stadt hat einiges zu bieten, um den Aufenthalt in Sachen Kultur und Geschichte abwechslungsreich zu gestalten. Die sternförmige Festung Boyen ist der Veranstaltungsort für Konzerte und Festivals schlechthin, die Ordnungsburg aus dem 14. Jahrhundert und eine Drehbrücke aus dem 19. Jahrhundert bewundert man am besten bei einem Rundgang durch den Ort, entlang von Läden und Restaurants.

TIPP

Der neu angelegte Stadthafen von Lötzen (Ekomarina Gizycko) ist ein hervorragender Liegeplatz für eine oder mehrere Übernachtungen. Zentrale Lage, gute Infrastruktur. https://ekomarinagizycko.pl/de

Irgendwann wird auch das Schloss Steinort mal wieder in einstigem Glanz erscheinen

im Zentrum von Lötzen gibt es eine Drehbrücke über den Lötzener Kanal.

Gemütlich fährt das Hausboot auf dem Nikolaiker See bei Mikolajki. Hier ist vom Trubel im Städtchen noch nichts zu merken.

4 MIKOLAJKI Nikolaiken

Bereits vor dem Ersten Weltkrieg war Nikolaiken ein beliebter Urlaubsort. Mit der Zunahme des Wassersports auf den masurischen Seen hat sich der Ort zur ersten Tourismusadresse in der Region entwickelt. Vor allem in den Sommermonaten platzt das rund 4000 Einwohner zählende Städtchen aus allen Nähten. Vom Jachthafen aus lässt sich die Stadt gut und leicht zu Fuß erkunden: hier ein Geschichtsmuseum, dort ein Observatorium oder einfach nur die quirlige Szenerie genießen. Nikolaiken ist einen Stopp wert.

TIPP

Es lohnt sich auch, einen kleinen Ausflug zum circa vier Kilometer entfernten Lucknamersee zu unternehmen. Er beherbergt die größte Schwanenpopulation Europas und ist als Biosphärenreservat geschützt.

5 RUCIANE-NIDA UND DER SÜDEN Niedersee

Obwohl Funde aus dem 14. Jahrhundert eine erste Siedlung belegen, entstand der Ort erst offiziell nach dem Zweiten Weltkrieg durch das Zusammenlegen zweier Orte. Die Holzwirtschaft und die Fischerei waren in der Vergangenheit ein wichtiger Wirtschaftsfaktor. Heute lebt der Ort vom Wassersport-Tourismus. Vor allem der Segelsport drückt dem Doppelort seinen Stempel auf. Aber auch Hausbooturlauber kommen hier auf ihre Kosten. Vom Niedersee gibt es eine Verbindung zum Spirdingsee bei Nikolaiken.

TIPP

Von außen sieht das Restaurant Kolorada etwas rustikal aus. Doch das Essen ist gut, die Preise sind angenehm, es gibt polnische Küche, internationale Gerichte, und auch für Vegetarier ist etwas dabei. http://www.kolorada.pl

Herbstliche Stimmung in
Ruciane-Nida am Niedersee

Ein guter Ort für eine Pause:
das Ufer vom Sneekermeer
bei Goingarijp

9 FRIESISCHE SEENPLATTE
Fast unbegrenzte Möglichkeiten

Mehr als 30 große und kleine Seen, Verbindungskanäle, sauberes, klares Wasser, mittelalterliche Städte, Strände und mehr. Die friesischen Seen und ihre hervorragende Infrastruktur bieten nahezu unbegrenzte Möglichkeiten für einen tollen Urlaub auf dem Hausboot.

Die friesische Seenplatte ist das Hausbootrevier der Niederlande schlechthin, allerdings auch das am stärksten frequentierte, vor allem in den Sommermonaten. Und doch kommt es kaum zu wirklich großen Engpässen beim Mieten von Hausbooten und den Liegeplätzen oder zu langen Wartezeiten an den Schleusen. Die friesischen Gemeinden haben eine nahezu perfekte Freizeitregion für den gesamten Wassersport geschaffen, die ihresgleichen sucht. Und in jedem Dorf, jeder Kleinstadt, an jedem Ufer lauert Interessantes, Spannendes. Zentrum des Wassersportes in der Seenplatte ist Sneek. Von hier aus kann man in alle Himmelsrichtung losschippern wie etwa in die Provinzhauptstadt Leeuwarden, die Eissportmetropole Heerenveen, ins Tjeukemeer und weiter in die Kalenberger Gracht oder nach Stavoren ans IJsselmeer.

»DIE TOP 5 HIGHLIGHTS UND LIEGEPLÄTZE DER REGION«

1. **Sneek.** Mittelalterlicher Kern.
   www.frieslandniederlande.de/urlaubsregion/sneek

2. **Liegeplätze im Tjeukemeer.** Ruhiger Liegeplatz mit Sandstrand auf der Insel Marchjepôlle.
   keine website.

3. **Stinsen, zauberhafte Landhäuser in Heerenveen.**
   www.statenstinzen.nl

4. **Woudgemaal, die größte Dampfpumpstation der Welt.**
   www.woudagemaal.nl/de

5. **Liegeplatz bei der Mühle De Rat in IJlst.**
   www.uitkijkyachtcharter.nl/D/frame-dateien/frameset.htm

Wahrzeichen von Sneek:
das historische Stadttor
Waterpoort

1 SNEEK — Mittelalterlicher Kern

Sneek ist die einzige friesische Stadt, die einmal zur Gänze ummauert war. Von der Ende des 15. Jahrhunderts angelegten Befestigung ist nur noch das 1613 entstandene Wassertor am Kolk erhalten geblieben, heute das Wahrzeichen der Stadt. Nahe dem Tor kann man das Boot festmachen und vor dort die Stadt zu Fuß erkunden. Vor dem Wassertor geht es rechts weiter durch die Stadsgracht Richtung Sneekermeer oder Snitser Mar, wie die Friesen den See nennen, der im Mittelalter als Folge der Torfgewinnung entstand und sich heute zwischen Sneek, Terherne und Goingarijp ausbreitet.

TIPP

Außer Sneek gibt es schöne Liegeplätze in Terherne und Akkrum, die sich bei einer Tour Richtung Süden anbieten. In Terherne wäre das der Jachthafen Schiffart (http://schiffart-jachthaven.nl), in Akkrum der Hafen Eendracht (www.awseendracht.nl).

2 HEERENVEEN — Zentrum des Eissports

Das Thialf ist das Eissportstadion des Landes schlechthin. Doch die um 1550 als Fehndorf entstandene Kleinstadt hat weit mehr zu bieten: rund 30 historische Baudenkmäler, allen voran die »Stinsen«, Landhäuser wie das zauberhafte, von einer Gracht umgebene De Crackstaete von 1648, das heute als Rathaus dient. Und das acht Jahre jüngere Oenemastate oder die begehbare Mühle Welgelegen, eine Korn- und Getreidemühle, die als einzige der insgesamt 17 Mühlen aus dem 15. Jahrhundert den Zahn der Zeit überstanden hat.

TIPP

Im Landhaus Oenemastate ist das gemütliche Grand Café 't Gerecht mit schöner Terrasse untergebracht, in dem unter anderem der typisch friesische Kräuterlikör serviert wird. www.gerechtheerenveen.nl/en

Ruhiger und abgeschiedener
Liegeplatz im Tjeukermeer bei
Oosterzee

Die malerische Kalenberger Gracht am Rande des Nationalparks Weerribben-Wieden

3 TJEUKEMEER Südrand der Seenplatte

Das Tjeukemeer am Südrand der friesischen Seenplatte und an der Grenze zur Provinz Overijssel ist das größte Gewässer der friesischen Seenplatte. Einst ein unbedeutender See, wurde ab 1957 damit begonnen, das Gewässer für den Tourismus zu erschließen. In den kleinen Gemeinden wie Vierhuis, Echtenerbrug und Osterzee wurden Häfen angelegt, und im Jahr 2000 kamen auch noch zwei künstliche Inseln im See als Liegeplätze für Bootstouristen hinzu. Vom See kann man Richtung Süden zur Kalenberger Gracht schippern.

TIPP

Von Follega am Westufer des Tjeukemeers sind es nur wenige Kilometer nach Lemmer, wo sich das sehenswerte Woudagemaal befindet, die weltweit größte Dampfpumpstation und UNESCO-Welterbe. www.woudagemaal.nl/de

4 KALENBERGER GRACHT

Idylle pur

Die Kalenberger Gracht gehört zwar nicht mehr zur Friesischen Seenplatte, ist aber ein wichtiger Wasserverbindungsweg zwischen der Seenplatte, Giethoorn und dem Nationalpark Weerribben-Wieden. Und darüber hinaus ist die Gracht im charmanten Dorf Kalenberg einer der schönsten Wasserwege in den Niederlanden. Sollten Sie also ein paar Tage mehr Zeit zur Verfügung haben, dann machen Sie doch einen Abstecher nach Kalenberg und besuchen dabei auch noch Giethoorn, eines der reizvollsten Dörfer des Landes.

TIPP

Per Boot durch den 100 Quadratkilometer großen Nationalpark Weerribben-Wieden, eines der größten und bedeutendsten Sumpfgebiete Europas. https://de.visitweerribben-wieden.com

Schon aus weiter Ferne zu sehen: die Mühle De Rat in IJlst

5 IJLST, HEEG UND FLUESSEN

Frieslands Südwesten

Erste Station auf der Fahrt von Sneek in den Südwesten der Friesischen Seenplatte ist das bezaubernde, von Grachten durchzogene IJlst, einer der Orte der Elf-Städte-Tour (Route 10), ebenso wie das ein paar Kilometer südwestlich liegende und nicht minder schöne Heeg am Nordufer des Heegermeers. Beide Orte sind durch den Fluss Geeuw und den kanalisierten Wijde Wimerts verbunden. Südwestlich an das Heegermeer schließt der See Fluessen an, mit rund 21 Quadratkilometern das zweitgrößte Gewässer der Seenplatte.

TIPP

Fotomotiv par excellence und wunderschöner Anlegeplatz: am Fuße der Windmühle De Rat in IJlst. Die Mühle stand allerdings nicht hier, sondern wurde aus der Region Zaan (Route 11) hierher versetzt. www.uitkijkyachtcharter.nl/D/frame-dateien/frameset.htm

6 ABSTECHER ZUM IJSSELMEER

Drei Orte, drei Gesichter

Wer die Wahl hat, hat bekanntlich die Qual. Vom Heegermeer und dem anschließenden See Fluessen gibt es Verbindungen in drei interessante Orte: Workum, Hindeloopen und Stavoren. Genau in dieser Reihenfolge sollte man die Orte auswählen, wenn man nur Zeit für einen hat. Workum ist typisch friesisch und mit Abstand das schönste Dorf von den dreien. Das beschauliche Hindeloopen ist gänzlich autofrei und hat ein interessantes Eislaufmuseum, während Stavoren das moderne Tor zum IJsselmeer bildet.

TIPP

Das Museum Hindeloopen ist eine wahre Fundgrube: Möbel und Alltagsgegenstände mit der typischen Hindelooper Malerei, farbenprächtige Kleidertracht, Zimmer und Mobiliar von anno dazumal. www.museumhindeloopen.nl/node/31

Auszeit vom Bootsalltag:
einfach mal die Füße auf einer
Brücke schaukeln lassen

10 ELF-STÄDTE-TOUR

Die Nordroute

Eine Provinz, elf Städte und rund 219 Kilometer – eine kräfteraubende Tour, die normalerweise auf dem Eis zurückgelegt wird. Und die, wenn sie denn überhaupt stattfindet, das ganze Land in Ekstase versetzt, dann geht eigentlich nichts mehr – inoffizieller Feiertag in den Niederlanden!

Die Elf-Städte-Tour begeistert die Niederländer wie kaum eine andere Sportveranstaltung. Dem Sieger des Eislaufmarathons winken ewiger Ruhm und satte Werbeverträge. Durch die Witterung der letzten Jahre und Jahrzehnte findet das Eislauf-Vergnügen allerdings nur noch selten statt. Die letzte Elf-Städte-Tour war am 4. Januar 1997! 2013 wurde eine Route für Boote erschlossen, die jedoch eine maximale Durchfahrtshöhe von 2,40 Metern haben und einen Tiefgang von 1,30 Metern haben dürfen. Die Nordroute kann ab Leeuwarden oder besser ab Sneek beginnen. Von hier aus geht es über das Sneekermeer nach Dokkum, dem nördlichsten Punkt der Tour. Und dann über Leeuwarden, Franeker und Harlingen nach Bolsward. Hier kann man wieder zurück nach Sneek oder Richtung Süden über Workum, Woudsend, Heeg und IJlst die komplette Tour machen.

»DIE TOP 5 HIGHLIGHTS UND LIEGEPLÄTZE DER REGION«

1. **Liegeplatz im Hafen Prinsentuin, Leeuwarden.**
   www.leeuwarden.nl/nl/pleziervaart-beroepsvaart/haven-prinsentuin-leeuwarden

2. **Leeuwarden.** Interessante Provinzhauptstadt.
   www.friesland.nl/de/orte

3. **Planetarium Eisinga in Franeker.**
   www.planetarium-friesland.nl/de

4. **Bolsward.** Auf »Terpen« gebaut.
   www.waterlandvanfriesland.nl/de/dorpen-stad/bolsward

5. **Makkum.** Typisch friesisches Dorf.
   www.waterlandvanfriesland.nl/de/dorpen-stad/makkum

(1) Blick vom unvollendeten Oldehove-Turm, dem schiefen, ehemaligen Kirchturm in Leeuwarden (2) Kleines, aber feines Terrassencafé im Zentrum von Franeker (3) Hinter dieser Brücke in Harlingen geht es direkt ins Ijsselmeer. Hier ist das Ende der Führerschein freien Hausboot-Zone.

1 LEEUWARDEN Frieslands Metropole

Die friesische Hauptstadt ist ein Juwel unter den Städten im Norden des Landes. Fast am Fuße des Wahrzeichens, dem Oldehove-Turm, kann man in der Stadtsgracht das Boot anlegen und zu Fuß durch den Altstadtkern spazieren. Genießen Sie die Aussicht vom schiefen Turm. Ein Lift zur Aussichtsplattform ermöglicht ohne Anstrengung einen 360-Grad-Panoramablick. Im Zentrum der Studentenstadt um den Waagplein mit der historischen Waage im Mittelpunkt kann man dann in alle Himmelsrichtungen die Stadt erkunden.

TIPP

Mata Hari, so der Künstlername der in Leeuwarden geborenen Margaretha Geertruida Zelle, erlangte weltweit Berühmtheit als Spionin vor und im Ersten Weltkrieg. Mehr dazu im Friesmuseum. www.friesmuseum.nl

2 FRANEKER Blick zum Himmel

Eigentlich unterscheidet das mittelalterliche Städtchen sich kaum von anderen historischen Orten in Friesland, wäre da nicht Eise Eisinga, der sich im 18. Jahrhundert einen Namen als Astronom gemacht hat und als Erbauer des ältesten noch funktionsfähigen Modells des Sonnensystems gilt. In seinem Planetarium fehlen aber die Planeten Neptun und Uranus, die bis zur Fertigstellung noch nicht entdeckt waren. Eisinga, der eigentlich als Wollkrämer arbeitete, hat mit seiner Erfindung Franeker auf die Landkarte gesetzt.

TIPP

Das Planetarium in der nach dem Erfinder benannten Straße, der Eise Eisingastraat 3, kann ganzjährig (Dienstag bis Sonntag) besichtigt werden. www.planetarium-friesland.nl

3 HARLINGEN Tor zu den Watteninseln

Die Krabbenfischerei verhalf der Kleinstadt am Welterbe Wattenmeer zu Wohlstand, was an den vielen Grachtenhäusern und dem schmucken Rathaus zu sehen ist. Den einstigen Wirtschaftszweig hat mittlerweile der Tourismus verdrängt. Harlingen ist das Tor zu den Inseln Terschelling und Vlieland. Vom Fährterminal gibt es regelmäßige Verbindungen dorthin. Das Hausboot kann man im Zentrum im Noorderhaven anlegen und von hier die Stadt zu Fuß erkunden. Und dabei auch die köstlichen Krabben probieren, die überall auf der Speisekarte stehen.

TIPP

Tagesausflug nach Terschelling oder Vlieland. Schon die Anreise durch das Wattenmeer macht die Fahrt zu den Inseln zum Erlebnis. www.rederij-doeksen.nl/de

4 BOLSWARD

Vom Terpdorp zur Hansestadt

Mit »Terp« wird in den Niederlanden ein künstlicher Siedlungshügel bezeichnet, und Bolsward wurde gleich auf drei dieser »Terpen« gebaut. Das Dorf erhielt ab 1455 umfangreiche Stadtrechte und schloss sich der Hanse an, was im 17. und 18. Jahrhundert zum wirtschaftlichen Aufschwung mit dem Handel von Käse und Butter und in geringerem Maß der örtlichen Textilindustrie führte. Ein schönes architektonisches Beispiel aus der Blütezeit ist das zwischen 1614 und 1617 im Stil der Spätrenaissance erbaute Rathaus.

TIPP

Von Bolsward sollte man einen Abstecher nach Makkum machen, ein typisches friesisches Kleinstädtchen am IJsselmeer und unter anderem bekannt für sein Steingut von der Königlichen Manufaktur Tichelaar. www.waterlandvanfriesland.nl/de/dorp-en-stad/makkum

Einfach idyllisch, traumhaft und pittoresk: die Wijmertsvaart nahe Abbega, zwischen Bolsward und IJlst.

Wunderschöner Blick von der
modernen Bibliothek auf den
alten Hafen von Amsterdam

11 AMSTERDAM UND DIE ZAAN-REGION

Grachten, Windmühlen und viel Käse

Klassische Windmühlen in allen Größen, weite Tulpenfelder, schwarz-weiße Kühe auf immergrünen, von Kanälen wie in einem Schachbrettmuster unterteilten Wiesen – Holland pur in einem Augenaufschlag.

Diese Markenzeichen der Region beidseitig des Noord-Holland-Kanals haben sogar dazu geführt, dass der Beemster südöstlich von Alkmaar wegen seiner Authentizität es auf die Liste des UNESCO-Welterbes schaffte. Am Weststrand des Weltkulturerbes verläuft die Zaan, Namensgeber der Region, die Amsterdam mit der Nordsee verbindet. In Zaandijk sind noch die typischen, dunkelgrünen Holzhäuser zu sehen, und im Freilichtmuseum Zaanse Schaans wird mit begehbaren Windmühlen und diversen Läden, die als Museum eingerichtet sind, das Leben im 19. Jahrhundert anschaulich dargestellt. Ausgangspunkt für die Erkundung der Region ist Amsterdam. Von hier geht es kurz über das IJ in einen Seitenkanal Richtung Zaandam und weiter über Zaandijk, Alkmaar und Schagen bis zum Marinestützpunkt Den Helder an die Nordsee.

»DIE TOP 5 HIGHLIGHTS UND LIEGEPLÄTZE DER REGION«

1. **Amsterdam.** Muss eigentlich noch erklärt werden, warum die niederländische Hauptstadt zu den Highlights zählt? www.iamsterdam.com

2. **Sixhaven.** Näher ran ans historische Zentrum von Amsterdam geht kaum. www.sixhaven.nl/de

3. **Zaanse Schans.** Begehbare Windmühlen und typische Häuser an der Zaan. www.dezaanseschans.nl/de/tag-aus-nord-holland

4. **Ankerplatz De Woude.** In ländlicher Umgebung ankern, auch als Alternative zu Alkmaar. www.jachthaven.nl/noord-holland/jacht-haven-de-woudhaven-de-woude

5. **Alkmaar.** Zusammen mit Gouda und Edam die Käsestadt des Landes. www.visitalkmaar.com/de/home

(1) Der Stationsplein mit dem Hauptbahnhof links markiert die Nordgrenze der Amsterdamer Altstadt. (2) Grachtengrün erstrahlen viele Holzhäuser in der Zaan-Region wie hier in Zaanse Schans.

1 AMSTERDAM Ein Gesamtkunstwerk

Über Amsterdam ist fast alles gesagt und auch fast alles fotografiert worden – die Stadt ist schlichtweg ein Gesamtkunstwerk. Auch wenn man Amsterdam bereits einmal oder mehrmals besucht hat, findet man immer wieder Ecken, die überraschen. Für Hausbooturlauber ist der Sixhaven der Ausgangspunkt. Leider kann mit dem Hausboot nicht kreuz und quer durch die Hauptstadt geschippert werden. Also bleibt nur das Rad, oder man geht zu Fuß. Vom Hafen geht man ein paar Minuten zur kostenlosen Fähre am IJplein, die Besucher zum Hauptbahnhof am Zentrumsrand bringt.

TIPP

Vom Sixhaven aus ist der IJ-Turm, das ehemalige Bürogebäude von Shell, in wenigen Gehminuten zu erreichen. Mit dem Lift oben angekommen, liegt Ihnen die Stadt zu Füßen. www.adamlookout.com/de/home-de

2 DIE ZAAN-REGION Grachtengrün

Grachtengrün ist die vorherrschende Farbe der Region. In dieser dunkelgrünen Farbe erstrahlen die typischen, größtenteils aus Holz erbauten Häuser am Ufer der etwa zehn Kilometer langen Zaan. Vor allem in der Kleinstadt Zaandijk reihen sich am Westufer die charmanten Häuser dicht aneinander, allesamt liebevoll renoviert und bestens erhalten. Fast alle Häuser sind noch bewohnt. Den besten Blick hat man übrigens vom Freilichtmuseum Zaanse Schans aus, das sich am gegenüberliegenden Ufer befindet.

TIPP

Zaanse Schans. Freilichtmuseum, das die Zaan-Region in all ihren Facetten darstellt. Außergewöhnlich ist, dass noch Menschen in den typischen Häusern leben. www.dezaanseschans.nl/de/tagaus-nord-holland

In Alkmaar kann man auch mit dem Boot durch die Altstadt gondeln, allerdings nicht mit dem Hausboot.

4 KÄSEMARKT ALKMAAR

Ein Spektakel

Auch wenn der traditionelle Käsemarkt von Alkmaar ein touristisches Spektakel ist, sollte man sich einen Besuch dort nicht entgehen lassen. In knapp zwei Stunden vermitteln Laiendarsteller aus der Stadt, wie einst im Käsehandel bis auf den letzten Cent begutachtet, verkostet, gefeilscht, Absprachen durch Handschlag getroffen und letztendlich gekauft wurde. Jeden Freitag pünktlich um 10 Uhr wird vor der Waage im Zentrum der Stadt der Käsemarkt durch eine Person des öffentlichen Lebens eingeläutet.

TIPP

Der Schauplatz des Käsemarktes ist nicht allzu groß und wird durch halbhohe Absperrgitter abgeschlossen. Seien Sie deshalb früh am Ort des Geschehens! www.kaasmarkt.nl/de/besuch-des-kaesemarktes

3 ALKMAAR   Käsestadt mit Flair

Eine Bauernsiedlung um eine Kirche im 11. Jahrhundert bildete die Basis für Alkmaar. Bereits Mitte des 13. Jahrhunderts erhielt der Ort die Stadtrechte, seit 1593 steht der Käse im Mittelpunkt des Geschehens, und seit 1622 wird der traditionelle Käsemarkt abgehalten. Der historische Kern ist klein und zu Fuß gut zu erkunden. Viele altehrwürdige Häuser konzentrieren sich an und um die Grachten, die der Stadt ein besonderes Flair verleihen, vor allem abends, wenn die Szenerie durch künstliches Licht verstärkt wird.

TIPP

Um die Altstadt liegt ein Ring aus Grachten, wo man mit dem Boot überall anlegen kann. Zu Fuß ist man dann in fünf Gehminuten am Waagplein, dem Herzen der Stadt. www.visitalkmaar.com/de/home

5 BEATLES MUSEUM   Nostalgie pur

Die legendären Beatles waren öfters in den Niederlanden und haben dort auch einiges Aufsehen erregt. Man denke nur an John Lennon und Yoko Ono, die im Amsterdamer Hilton-Hotel eine Woche lang im Bett liegend Interviews gaben. Die Bilder gingen um die Welt. Die Liverpooler Pilzköpfe waren allerdings nie in Alkmaar. Doch gibt es hier das einzige Beatles-Museum des Landes, das durch einen großen Fan und Musikliebhaber am Nordrand der Altstadt eingerichtet wurde. Das Museum ist ein Muss für alle Beatles-Fans.

TIPP

Um den Gerstensaft dreht sich alles im Biermuseum De Boom, Houttil 1. Unterhalb des Museum kann auch nach Herzenslust verkostet werden. https://proeflokaaldeboom.nl

Ein Schauspiel, das in den Sommermonaten viele Touristen anlockt: der von Laien nachgespielte Käsemarkt von Alkmaar

Dass dieses Museum in Alkmaar ein Muss für Fans der »Pilzköpfe« ist, muss wohl nicht näher erklärt werden.

Vor dem monumentalen
Teylers Museum und den
hübschen Grachtenhäusern
in Haarlem gibt es gute
Anlegemöglichkeiten.

12 DIE SPAARNE

Lebensader – klein, aber wichtig!

Sie ist eine der Lebensadern der Provinz Noord-Holland und ein wichtiges Bindeglied im Wasserwegenetzwerk – die Spaarne. Und mit Haarlem kann der Fluss überdies mit einer der schönsten historischen Städte der Niederlande an seinen Ufern aufwarten.

Mitte des 19. Jahrhunderts wurde mithilfe der Spaarne und drei Pumpwerken das Haarlemmermeer, das mit 17 000 Hektar damals der größte See in den Niederlanden war, trocken gelegt. Heute befindet sich dort unter anderem der Flughafen Schiphol. Eines der Pumpwerke, das Gemaal Cruquius, wurde 1933 stillgelegt und gilt heute als eine der Topattraktionen an der Spaarne, sowohl wegen seiner Architektur als auch wegen der Tatsache, dass es sich hier um die größte Dampfmaschine der Welt handelt. Haarlem ist durch die Spaarne und die einmündenden Flüsse und Kanäle mit Leiden, Utrecht und Amsterdam verbunden. Bei der Planung des Hausbootsurlaubs im zentralen Teil der Niederlande lässt sich die Spaarne deshalb gut einbinden, und mit der alten Stadt Haarlem steht auch noch ein Top-Highlight auf dem Programm.

»DIE TOP 5 HIGHLIGHTS UND LIEGEPLÄTZE DER REGION«

1. **Gemaal Cruquius**. Technik und Architektur. www.haarlemmermeermuseum.nl

2. **Haarlem**. Warum nach Amsterdam? Wir haben doch Haarlem! Das ist die einheitliche Meinung der Haarlemer. www.visithaarlem.com/de

3. **Frans-Hals-Museum**. Würde der Maler Frans Hals heute leben, wäre er sicher einer der besten Porträtfotografen der Welt. www.franshalsmuseum.nl/en

4. **Grachtenfahrt durch Haarlem**. Erkundung vom Wasser aus. www.holland.com/de/tourist/reiseziele/weitere-stadte/haarlem/rundfahrt-durch-haarlem.htm

5. **Jopenkerk**. Nein, kein religiöses Bauwerk, sondern eine Bierbrauerei in einer Kirche. www.jopenkerk.nl/haarlem/en

Der Grote Markt ist das pulsierende Herz von Haarlem, das Rathaus im Hintergrund das wohl schönste Gebäude der Stadt

1 HAARLEM · · · · · · · · · Die Spaarnestadt

Viele sagen, dass Haarlem eigentlich wie Amsterdam ist, nur weniger touristisch, weniger lebendig, weniger groß, weniger interessant. Vergleichen Sie selbst: Am besten beginnt man mit dem Ausblick vom Turm der Grote Kerk auf dem Marktplatz im Herzen der Stadt. Von hier aus geht es durch verwinkelte Gassen und über Stege durch die historische Altstadt. Zum Abschluss werden auf einer Bootsrundfahrt auf den Grachten von Haarlem die letzten Eindrücke gesammelt. Das Hausboot muss am Spaarneufer liegen bleiben.

TIPP

Wenn's mal regnet, ist vielleicht das Teylers Museum direkt an der Spaarne samt Anlegestelle vor der Tür eine gute Alternative. Gezeigt werden Ausstellungsstücke zu Natur, Kunst und Technik. www.teylersmuseum.nl

2 FRANS-HALS-MUSEUM

Begnadeter Porträtmaler

Der im belgischen Antwerpen geborene Maler Frans Hals (ca. 1580–1666) galt zu seinen Lebzeiten als einer der besten Porträtmaler im damaligen Europa. Äußerst treffende Charakterisierung der Porträtierten, versehen mit einem Schuss Lebendigkeit zeichnen die in seinen Bildern dargestellten Personen aus. Etwa 220 Gemälde werden Frans Hals zugeschrieben. Viele davon hängen in den bedeutendsten Museen in den Niederlanden, so auch im Frans-Hals-Museum von Haarlem in der Straße Groot Heiligland 62.

TIPP

Die Vleeshal (Fleischhalle) am Marktplatz von Haarlem gehört zum Museum Frans Hals mit wechselnden Ausstellungen. www.franshalsmuseum.nl

Der Maler Frans Hals ist untrennbar mit Haarlem verbunden, weshalb sich hier auch ein dem Künstler gewidmetes Museum befindet.

Die Windmühle De Adriaan
an der Spaarne markiert
den Beginn des historischen
Zentrums von Haarlem.

3 ADRIAAN-MÜHLE

Historisches Monument

Täglich begrüßt die Windmühle De Adriaan am rechten Sparne-Ufer im Zentrum von Haarlem die Freizeit- und Berufskapitäne. Die wunderschön restaurierte Mühle ist aber auch ein echter Hingucker und guter Orientierungspunkt für ortsunkundige Schipper. Die Mühle wurde 1779 in Betrieb genommen, wechselte mehrmals den Besitzer und ihre Funktion und stand 1925 als »unrentabel« kurz vor dem Abriss. Die Vereinigung der Holländischen Mühlen kaufte die Mühle und konnte sie so in letzter Sekunde vor dem Abriss retten. 1932 brannte sie aber fast vollständig ab und wegen Geldmangel der Gemeinde wurde erst 1999 mit dem Wiederaufbau begonnen. 2002 waren die Arbeiten abgeschlossen. Ein Jahr später wurde unter den Flügeln ein interessantes und sehenswertes Mühlenmuseum eröffnet.

TIPP

Einen Blick in die Jopenkerk werfen, den Brauprozess beobachten, Biere verkosten, ein paar Häppchen zu sich nehmen und das alles unter dem Dach einer ehemaligen Kirche. www.jopenkerk.nl

Diese typisch niederländische Szenerie – flaches, grünes Agrarland mit schwarz-weißen Kühen – gibt es häufig im »grünen Herz« der Niederlande

13 DAS GRÜNE HERZ DER NIEDERLANDE

Äcker, Wiesen und Weideland

»Het groene hart« – grün ist die Landschaft, was bereits die Überschrift verrät. Allerdings ist es nicht das Grün im Sinne des Naturschutzes, sondern Grün steht hier für die Fruchtbarkeit dieser Region. Äcker, Wiesen und Weiden bestimmen dann auch das Landschaftsbild.

Der Leidse Rijn, ab der Stadt Harmelen Oude Rijn, ist einer der Hauptwasserwege durch das Grüne Herz der Niederlande, das sich grob betrachtet im Ring der Städte Amsterdam, Leiden, Den Haag, Rotterdam und Utrecht erstreckt. Letztgenannte Stadt ist auch der optimale Ausgangspunkt für eine Erkundung der Region. In Utrecht können einfach und schnell unterschiedliche Hausboote angemietet werden. Eigentlich ist Utrecht der Startpunkt für eine Hausboottour durch die Niederlande. Es liegt zentral, die Infrastruktur ist hervorragend, und von der Domstadt aus kann man in alle Himmelsrichtungen abfahren, wie etwa über Muiden nach Amsterdam, ins kulturelle Dreieck Leiden, Gouda und Delft, ins politische Zentrum Den Haag oder in die Hafenstadt Rotterdam. Und wenn man viel Zeit zur Verfügung hat, sogar bis nach Belgien.

»DIE TOP 5 HIGHLIGHTS UND LIEGEPLÄTZE DER REGION«

1. **Utrecht.** Studentenstadt mit Atmosphäre.
   www.besuch-utrecht.de

2. **Utrechter Dom.** Monunemtales Bauwerk mit fantastischer Aussicht.
   www.domkerk.nl

3. **Liegeplatz in Montfoort.** Mitten im Ort und grünem Herzen.
   www.groenehart.nl/verken-het-groene-hart/gebieden/montfoort

4. **Passantenhaven in der Herengracht in Leiden.** Gute Lage und Infrastruktur.
   https://gemeente.leiden.nl/inwoners-en-ondernemers/vrije-tijd-cultuur-en-evenementen/water-zwemmen-en-varen/passantenhaven

5. **Naturalis Biodiversity Center.** Alles Leben auf der Erde unter einem Dach.
   www.naturalis.nl/en

Auch wenn der Utrechter Dom vor fast 350 Jahren zerstört wurde, lässt sich am verbliebenen Querschiff noch heute seine einstige Größe erahnen.

2 UTRECHTER OUDE GRACHT

Urbane Lebensader

Chillen, speisen oder einfach nur einen Drink nehmen am Ufer der Oude Gracht in Utrecht kann man eigentlich den ganzen Tag. Die alte Gracht verläuft quer durch den historischen Kern und liegt einige Meter unterhalb des Straßenniveaus, was wiederum den Autolärm von den Terrassen am Ufer fernhält. Ruhig und entspannt ist auch die Atmosphäre an der Gracht. Mit dem Hausboot können Sie allerdings nicht durch die Stadt schippern. Ein Schlauchboot, Kajak oder die klassische Rundfahrt sind gute Alternativen.

TIPP

Das Café Winkel van Sinkel ist ein Begriff in Utrecht. Auch wenn man nichts konsumieren möchte, sollte man einen Blick in dieses berühmte Café werfen. www.dewinkelvansinkel.nl/content-paginas/english-translation.html

1 UTRECHTER DOM Monumentales Bauwerk

Mitten im Herzen der Altstadt prunkt der Utrechter Dom, der seit einem heftigen Sturm im Sommer 1674 nur noch aus dem Querschiff, Chor und Turm besteht. Der Domturm erhebt sich allerdings mehrere Meter getrennt vom Kirchenschiff, dazwischen liegt heute der Domplatz. Ein schweißtreibender Aufstieg zur Aussichtsplattform in rund 72 Metern Höhe wird mit einem 360-Grad-Blick belohnt. Wegen der teils schmalen Treppe, die zur Plattform führt, kommunizieren die Führer mit Funkgeräten beim Auf- bzw. Abstieg, um Staus zu vermeiden.

TIPP

Der Andrang für die Turmbesteigung ist groß, die Besucherzahl begrenzt. Tickets sollten frühzeitig online bestellt werden. Da kann auch gleich eine Uhrzeit für den Aufstieg gewählt werden. www.domtoren.nl/en/visitor-information/ticketshop

3 UTRECHTER VIERTEL

Jedes Eck eine Überraschung

2015 wurde der historische und touristisch interessante Kern von Utrecht in sechs Viertel unterteilt. Jeder Stadtteil hat seine eigene Geschichte, seinen Charakter und Ausstrahlung: das Domviertel mit dem religiösen Monument der Stadt, das studentische, kreative Universitätsviertel, das stille Museumsviertel, gefolgt vom kunterbunten, pulsierenden Maliviertel sowie die Viertel Stadthaus und Vredenburg, die mit Einkaufsstraßen und -zentren Besucher anlocken wollen.

TIPP

Liegeplatz im Passantenhaven von Utrecht an der Catharijnensingel mit Duschen und Toiletten in der Nähe des Zentrums. www.bezoek-utrecht.nl/locaties/252709374/passantenhaven-catharijnesingel

Malerisch, gemütlich und Freizeitmeile par excellence – die Oude Gracht von Utrecht

Blick vom Domturm auf die Grachtenhäuser des Lijnmarktes

(1) Der Nieuwe Rijn (Neuer Rhein) bannt sich seinen Weg quer durch Leiden. An seinen Ufern haben sich auf Pontons Restaurants und Cafés etabliert. (2) Rembrandt-Monument in Leiden: Hier bewundert sich der junge Rembrandt selbst in einem aus Kupfer bestehenden Porträt. (3) Der Ridderzaal inmitten des politischen Zentrums Binnenhof in Den Haag ist jährlich im September der Schauplatz der Thronrede des Königs.

4 LEIDEN Alte Universitätsstadt

Leiden besitzt die älteste und renommierteste Universität des Landes. Nicht verwunderlich, dass alle Mitglieder des niederländischen Königshauses hier studier(t)en. Die Studentenszene beherrscht auch das Alltagsbild. Leiden kam ab dem 13. Jahrhundert durch den Wollhandel mit Flandern und England zu Wohlstand. Von dem gewinnbringenden Handel zeugen heute noch viele prachtvolle Gebäude. Bei einem Rundgang durch die Stadt sollte man auch zur Burg (Burcht) hochsteigen. Erwarten Sie aber kein Bauwerk, wie Sie es von Deutschland gewöhnt sind.

TIPP

In der historischen Waage im Zentrum von Leiden sollten Sie einen Blick auf die schöne Innenausstattung werfen. Man kann dort auch gut essen. https://waagleiden.nl/welkom-waag-leiden-mooiste-restaurant-leiden-centrum

5 MUSEUMSSTADT LEIDEN

Rembrandt und Co

Das wichtigste archäologische Museum der Niederlande, das Museum voor Oudheden, das außergewöhnliche Naturgeschichtemuseum Naturalis, das Völkerkundemuseum oder das Kunstmuseum De Lakenhal: Leiden bietet eine faszinierende Museumsvielfalt. Und natürlich hat Leiden seinen berühmten Sohn Rembrandt van Rijn, der 1606 hier geboren wurde. Seine Werke aus jungen Jahren sind im Museum De Lakenhal zu bewundern. Auf einer eigenen Route kann man auf den Spuren des berühmten Malers wandeln.

TIPP

»Bootjes en Broodjes« (Boote und Brötchen). Der Name ist Programm: Grachtenrundfahrt in Leiden mit kleinen Häppchen an Bord, dazu gibt es Informationen zur Stadtgeschichte und den Bauwerken. www.bootjesenbroodjes.nl/de

6 DEN HAAG Politisches Zentrum

Bürotürme aus Glas, Beton und Stahl dominieren das Stadtbild im Zentrum: Räumlichkeiten der Ministerien, der Berater der Regierung und der Mitglieder von Organisationen aus aller Welt. Aber Den Haag hat auch historische Herrenhäuser, Jugendstil- und Villenviertel. Im Herzen der Stadt steht der Binnenhof, der Sitz der Landesregierung. Der Innenhof kann besichtigt werden, der darin befindliche Ridderzaal, in dem der König jedes Jahr im September seine Thronrede zur Lage der Nation hält, allerdings nur mit Führung.

TIPP

Madurodam ist ein Themenpark mit den wichtigsten Bauwerken im Miniaturformat aus allen Epochen der Niederlande und ein Spaß für die ganze Familie. Die Straßenbahn Linie 9 fährt zum Park. www.madurodam.nl

3

Die Windmühle De Vriendschap erhebt sich seit mehr als einem Jahrhundert am Ufer der Vecht bei Weesp.

14 REIZVOLLE VECHT

Ein Fluss mit besonderen Eigenschaften

Malerisch eingebettet in eine zauberhafte, abwechslungsreiche Landschaft und begleitet von monumentalen Landgütern, schönen Herrenhäusern und klassischen Windmühlen an den Ufern, bannt sich die Vecht ihren Weg von Utrecht ins IJsselmeer.

Gerade mal 40 Kilometer lang ist der teils kanalisierte, kurvenreiche Fluss, der ganz im Zeichen des Freizeit-Wassersports steht. Berufsschifffahrt ist hier weitgehend unbekannt, weshalb die Vecht sich auch wunderbar für ungeübte Hausbootkapitäne eignet. Eigentlich heißt der Fluss Utrechtse Vecht, doch wird dieser Name im Alltag nie verwendet. Im Alltag zum Vorschein kommt aber immer ihr besonderer Charakter: Die Vecht fließt nämlich nicht immer zur Mündung hin, sondern dreht ihre Fließrichtung auch um, und dann geht es zurück zur Quelle bei Utrecht. Das passiert immer dann, wenn der Pegelstand des IJsselmeeres höher ist als jener im Fluss. Die Veränderung der Strömungsrichtung werden Sie allerdings kaum merken. Vielleicht brauchen Sie etwas mehr Diesel, aber groß wird sich dies im Portmonnee nicht niederschlagen.

»DIE TOP 5 HIGHLIGHTS UND LIEGEPLÄTZE DER REGION«

1. **Vecht**. Hier ist immer etwas los. www.vvvgooivecht.nl/de

2. **Loosdrechtse Plassen**. Vergrößern Sie Ihr Fahrgebiet durch die Mijndense Schleuse. https://recreatiemiddennederland.nl/mijndense-sluis

3. **Weesp**. Wunderschönes Kleinstädtchen an der Vecht. www.welkominweesp.nl

4. **Muiden**. Schleuse und Wasserschloss. www.vvvmuiden.nl/nl

5. **Festungsinsel Pampus**. Ein wunderschöner Ausflug im IJsselmeer. www.pampus.nl/en/

1 DIE VECHT

Schlösser, Landgüter, Herrenhäuser

Schon die Römer nutzten den Fluss, den sie auf ihrer Landkarte mit Fectio markierten, für ihre Gütertransporte. Im späten Mittelalter war die Vecht einer der wichtigsten Wasserwege zwischen Nordsee und Rhein; auch hatte der Fluss eine strategisch wichtige Bedeutung. Mit dem blühenden Handel kamen ab Mitte des 17. Jahrhunderts immer mehr reiche Kaufleute aus der näheren Umgebung an die Vecht. An den Ufern entstanden Schlösser, Landgüter und Herrensitze, die heute vom Boot aus meistens zu sehen sind. Gemeinsam mit den beschaulichen Orten am Ufer bilden diese Anwesen auch die besonderen Anreize der Region. An der Schleuse in Muiden, wo kurz danach die Vecht ins IJsselmeer mündet, endet die führerscheinlose Hausboottour. Das IJsselmeer ist für Freizeitkapitäne ohne Bootsführerschein eine »No go«-Zone.

TIPP

Südlich von Loenen aan de Vecht besteht die Möglichkeit, durch die Mijndense Schleuse die Route zu verlassen, um auf den Loosdrechtse Plassen herumzuschippern. https://recreatiemiddennederland.nl/mijndense-sluis

Auf der Fahrt über die
Vecht zwischen Utrecht und
Muiden säumen romantische
Dörfer wie hier das hübsche
Nigtevecht die Ufer.

(1) Wenn Zeit vorhanden ist, sollten Sie auch dem Kleinstädtchen Weesp einen Besuch abstatten. (2) Die Terrassencafés an der Schleuse von Muiden mit dem Wasserschloss im Hintergrund ist ein beliebter Treffpunkt.

2 WEESP Klein, aber oho

Ein Kurzbesuch des mittelalterlichen Weesp darf auf keinen Fall fehlen, er lohnt schon wegen der Liegeplätze im Hafen und an den Kais im Ort. Neben der gemütlichen Atmosphäre sind die Kirche Sankt Laurentius mit einem Glockenspiel der Gießerfamilie Hemony und das im Rokokostil errichtete Rathaus mit einer Sammlung Weesper Porzellan die wichtigsten Sehenswürdigkeiten der Kleinstadt. Durch die Nähe zu Amsterdam wuchs Weesp zu einem beliebten Wohnort in Hauptstadtnähe heran, mit gutem Nahverkehr zur niederländischen Hauptstadt.

TIPP

Von Weesp aus kann auch die führerscheinfreie Fahrt mit dem Hausboot bis nach Amsterdam (Route 11) fortgesetzt werden, wobei aber der Amsterdam-Rhein-Kanal wegen der Berufsschifffahrt vorsichtig überquert werden muss.

3 MUIDEN Beliebtes Ausflugsziel

Einst ein gern besuchtes Ausflugsziel der Amsterdamer und mit der Straßenbahn von der niederländischen Hauptstadt aus leicht zu erreichen, hat sich Muiden zu einer schmucken Kleinstadt gemausert, die von ihrer damaligen Anziehungskraft kaum etwas verloren hat. Die Terrassencafés an der Schleuse mit Drehbrücke inmitten des Ortes sind der »place to be«, um den Schleusenbetrieb in Ruhe zu beobachten. An der Mündung der Vecht in das IJsselmeer liegt das hübsche Wasserschloss Muiderslot des Grafen Floris V. von 1280.

TIPP

Im IJsselmeer liegt die befestigte Insel Pampus, die mit regelmäßigen Fähren von Muiden aus in circa 30 Minuten erreichbar ist. Schöner Ausflug auf dem IJsselmeer, das für Hausboote gesperrt ist. www.pampus.nl/en

Bekannt und berühmt wegen
seines romantischen Kerns und
seiner noch funktionsfähigen
Hexenwaage: Oudewater an
der Hollandse IJssel

15 AUF DEM WEG NACH ROTTERDAM

Maritim und topmodern

Dem Sonnenuntergang entgegenschippern, langsam Utrecht den Rücken kehren und auf der zu Beginn schmalen, ruhig dahinfließenden Hollandse IJssel die schönen Augenblicke und die ländliche Umgebung unterwegs genießen – ist das nicht eine herrliche Vorstellung?

Auf dem Weg von der Domstadt Utrecht in die Hafenstadt Rotterdam werden die Provinzen Utrecht und Zuid-Holland von Ost nach West durchquert. Wunderschön restaurierte Bauernhöfe säumen die Ufer in der sonst von Agrarkultur bestimmten, immergrünen Landschaft. Unterwegs gibt es mehrere Möglichkeiten, um für einen Augenblick den Anker zu werfen. Vor allem in den kleinen Orten und Städten wie Montfoort, Oudewater und Haastrecht lohnt sich ein Stopp einschließlich Ortsbesichtigung. Je näher die Stadt Gouda rückt, desto mehr wird die Agrarkultur von der Industrie verdrängt. An und für sich nicht gerade reizvolle Uferlandschaften, aber die wunderschöne Käsestadt Gouda entschädigt dafür. Das Boot sollte einen Tag liegen bleiben, um die kompakte Altstadt mit ihren Sehenswürdigkeiten zu erkunden.

»DIE TOP 5 HIGHLIGHTS UND LIEGEPLÄTZE DER REGION«

1. **Hexenwaage Oudewater**. Sie funktioniert noch immer.
   www.heksenwaag.nl

2. **Liegeplatz an der Turfsingel in Goudas Museumshafen**.
   www.museumhavengouda.nl

3. **Käsemarkt Gouda**. Ein Käse, der die Welt eroberte.
   willkommeningouda.com

4. **Rotterdamer Hafen**. Europas größter Containerhafen.
   www.portofrotterdam.com/de

5. **Kinderdijk**. Windmühlen in Reih und Glied.
   www.kinderdijk.de

(1) Hebebrücke über die Hollandse IJssel in Oudewater (2) In der Waage von Gouda dreht sich alles um den weltberühmten Käse. Vor dem Kauf können Sie ihn auch gratis verkosten.

1 OUDEWATER Die Hexenstadt

Verträumt schmiegt sich das Kleinstädtchen Oudewater an die Ufer der Hollandse IJssel. So ganz romantisch wie heute ging es hier aber nicht immer zu. Oudewater erlangte eine gewisse Berühmtheit durch seine Hexenwaage, auf der, wie der Name bereits andeutet, nicht nur Waren gewogen wurden. Wurde jemand der Hexerei bezichtigt, stellt man die betreffende Person, meistens Frauen, einfach auf die Waage, denn nach damaliger Meinung wogen die Hexen bekanntlich nichts, würde sie sonst der Besen tragen?

TIPP

Die Hexenwaage funktioniert noch immer. Ob das angezeigte Gewicht auch tatsächlich stimmt, sei dahingestellt. Spaß macht es aber trotzdem. www.heksenwaag.nl

2 GOUDA Weltbekannter Käse

Gouda und Käse sind unzertrennlich miteinander verbunden. Gouda allerdings nur auf den Käse zu reduzieren, würde dem überaus reizvollen Städtchen, das sich am Zusammenfluss der Hollandse IJssel und der Gouwe befindet, nicht gerecht werden. Viele historische Bauwerke am und um den mittelalterlichen Marktplatz mit dem gotischen Rathaus zeugen von einer reichen, aber auch turbulenten Geschichte der Stadt. Hausbootkapitäne können durch die Mallegat-Schleuse hineinfahren und an der Turf- oder Kattensingel anlegen.

TIPP

Von Anfang April bis Ende August findet jeden Donnerstagvormittag ein historischer Käsemarkt vor dem Rathaus statt. https://willkommeningouda.com

Die einstige Funktion des Rotterdamer Scheepmakershaven (Schiffbauerhafen) braucht wohl keiner näheren Erklärung. Die Werften mussten den modernen Hochhäusern weichen.

4 ROTTERDAMER HAFEN

Europas größter Hafen

Riesige Containerschiffe, Lastkräne, Schlepper, gestapelte Container, so weit das Auge reicht – das ist der 24-Stunden-Alltag in Europas größtem Hafen, Port of Rotterdam, in dem jährlich bis zu einer halben Milliarde Tonnen Güter umgeschlagen werden. Vor ein paar Jahren platzte der Hafen bereits aus allen Nähten. Neue Anlagen mussten her, und weil es an Land keinen Platz gab, wurde Land – wie so oft in den Niederlanden – dem Meer abgerungen. Unter dem Namen Maasvlakte 2 vergrößerte sich somit die Landesfläche erneut.

TIPP

Eine Hafenrundfahrt in Rotterdam ist eigentlich ein Muss und auch die beste Möglichkeit, das maritime Treiben hautnah zu erleben. Auch zum neu angelegten Hafen werden Ausflüge organisiert. www.spido.nl

3 ROTTERDAM Zerstört und wieder aufgebaut

Der Bombenhagel im Zweiten Weltkrieg hat die Stadt fast zur Gänze in Schutt und Asche gelegt. Doch die Rotterdamer bauten mit viel Fleiß und teils bahnbrechender Architektur ihre Stadt wieder auf. Was dabei zum Vorschein kam und was in den letzten Jahrzehnten an moderner Architektur aus dem Boden gestampft wurde, kann sich sehen lassen. Rotterdam zeigt sich maritim, modern und wird heute gerne auch als »Spielweise« der Architekten bezeichnet. Nirgendwo im Land reihen sich mehr wegweisende Bauwerke aneinander als hier.

TIPP

Rotterdam von oben: Der Euromast macht es auf 112 Metern möglich. Zudem gibt es ein Restaurant (96 m) und auch Hotelzimmer. Schlafen hier in 100 Metern Höhe kann aber ab Windstärke 5 etwas wackelig werden. https://euromast.nl

5 DELFT Porzellan vom Feinsten

Ab Rotterdam benötigt man etwa einen Tag für einen Abstecher ins charmante Delft. Man kann auch mehr Zeit in der Wirkungsstätte des weltberühmten Barockmalers Johannes Vermeer und dem Produktionsort von Delfter Keramik verbringen. Von den 37 Gemälden des Malers befindet sich kein einziges mehr in der Stadt. Das Vermeer-Zentrum in der verwinkelten Altstadt vermittelt aber einen guten Einblick in das Leben und Schaffen des Künstlers. Und natürlich kann man auch die Herstellung der Keramik in verschiedenen Läden bewundern.

TIPP

Das Prunkgrab von Wilhelm von Oranien in der Nieuwe Kerk, der Grabkirche des niederländischen Königshauses am Markt, ist absolut sehenswert. Und zudem hat man vom Kirchturm einen tollen Ausblick. https://oudeennieuwekerk-delft.nl

Der Rotterdamer Hafen, ist eine atemberaubende Welt modernster Technik.

Eine der schönsten Delfter Ecken: die Gasthuislaan im Süden des historischen Kerns

6 KINDERDIJK

Defileé der berühmten Windmühlen

Morgens, wenn die Sonne gerade aufgegangen ist, lässt sich über den Windmühlen von Kinderdijk eine besondere Atmosphäre erleben. Sie sind zweifelsfrei eines der meistfotografierten Motive des Landes. Am Ufer der Nederwaard nahe Ablasserdam reihen sich 20 funktionsfähige Mühlen wie Perlen an einer Kette aneinander. Allesamt liebevoll restauriert, einige sogar noch bewohnt, einige für Besucher zugänglich gemacht. Manche Besitzer führen auch gerne durch ihre Mühle, erzählen dabei deren Geschichte und informieren über den permanenten Kampf der Niederländer gegen das Wasser. Kinderdijk blieb nicht unbemerkt: Heute stehen die Mühlen auf der UNESCO-Weltkulturerbe-Liste. Der Andrang in Kinderdijk ist groß, denn mittlerweile kommen Touristen aus der ganzen Welt, aber der Besuch ist trotz allem lohnenswert!

TIPP

Eine der schönsten Anreisen nach Kinderdijk ist mit dem Wasserbus Linie 20, der in Rotterdam an der Erasmusbrücke mehrmals täglich startet. Fahrzeit: circa 35 Minuten. www.kinderdijk.de/anfahrt

Ein architektonisches Juwel und Gesamtkunstwerk aus vielen Jahrhunderten: die Genter Altstadt

16 UNTERWEGS IN FLANDERN
Zwei Schatzkästchen: Brügge und Gent

Schokolade von kreativen Chocolatiers, nach alter Klostertradition gebraute Biere mit internationalen Auszeichnungen, exzellente burgundische Küche, weltberühmte Kunstschätze und Architektur aus vielen Jahrhunderten kennzeichnen die Städte Flanderns.

Die meisten Bootsvermieter haben ihre Basis im modernen Badeort Nieuwpoort an der belgischen Nordseeküste, einige auch in Gent und Brügge. Die Städte sind durch kanalisierte Flüsse und Kanäle bestens miteinander verbunden. Die Fahrzeit beträgt nur wenige Stunden, dafür bleibt mehr Zeit für Besichtigungen. Egal, wo die Bootstour beginnt: Bringen Sie viel Zeit mit, denn vor allem bei einem Besuch der Altstadt von Brügge und der von Gent werden Sie sich wie bei einem Spaziergang durch ein Freiluftmuseum fühlen. In fast jeder Straße reihen sich nahtlos Sehenswürdigkeiten aneinander, an nahezu jeder Ecke überrascht etwas Neues. Die Läden, Cafés und Restaurants verlocken mit kulinarischen Finessen – von zarter Schokolade über die berühmten belgischen Fritten bis hin zu schmackhaften Gerichten mit Meeresfrüchten.

»DIE TOP 5 HIGHLIGHTS UND LIEGEPLÄTZE DER REGION«

1. **Brügges Altstadt**. Grachten, Brücken und viel mehr.
www.visitbruges.be/de

2. **Kulinarisches Brügge**. Schon beim Hingucken läuft einem das Wasser im Mund zusammen.
www.visitbruges.be/de/restaurants

3. **Yachtclub Flandria Brugge**. Klein, fein, zentral.
www.yachtclubflandria.be

4. **Genter Altstadt**. Ein architektonisches Juwel.
https://visit.gent.be/de

5. **Genter Belfried**. UNESCO-Welterbe. Unbedingt rauf auf den Glockenturm.
https://visit.gent.be/de/staunen-erleben/der-genter-belfried-ein-weltkulturerbe

(1) Fast vollständig vom Wasser umgeben: das historische Zentrum in Brügge (2) Die süßen Kreationen von Brügges Chocolatiers sind nicht nur lecker, sondern auch ein gutes Mitbringsel.(3) Eines der vielen Kunstmuseen Brügges: das Arentshuis

2 KULINARISCHES BRÜGGE

Hauptstadt der Schokolade

Feinste Schokoladenkreationen, Bonbons mit leckerer Füllung, Bier nach alter Klostertradition und Fritten – das ist es, was Belgien im Allgemeinen und Brügge im Besonderen berühmt gemacht hat. Und jeder dieser Köstlichkeiten wurde in der Stadt ein Museum gewidmet. Berühmt ist Brügge aber auch für seine vielen Restaurants, die ein oder zwei Michelin-Sterne haben oder im Gault-Millau-Führer lobend hervorgehoben werden. Auf den Karten der Gourmetrestaurants stehen vor allem Meeresfrüchte. Bon Appetit!

TIPP

Ein Blick in die Traditionen im Schokoladenmuseum (www.choco.story.be), Biermuseum (https://mybeerexperience.com/de) und im Frittenmuseum (www.frietmuseum.be). Und für alles andere in eines der zahlreichen Altstadt-Restaurants.

3 KUNSTSINNIGES BRÜGGE

Museumslandschaft

Für Kunstinteressierte ist das Groeningemuseum die allererste Adresse. Hier gibt es Kunst aus sechs Jahrhunderten zu bewundern mit der weit über die Landesgrenzen hinaus bekannten Sammlung der sogenannten Flämischen Primitiven – Altniederländische Malerei, wie diese Epoche, die etwa Mitte des 15. Jahrhunderts begann und rund 100 Jahre anhielt, offiziell bezeichnet wird. Einige dieser Meisterwerke gibt es im 700 Quadratmeter großen Musea Sculpa in 3D zu sehen – ein Erlebnis der besonderen Art.

TIPP

Noch mehr Kunst! Am Markt 7 beim Belfort befindet sich eine Sammlung mit Kunstwerken von Salvador Dalí, kein Museum, sondern eine Galerie mit Skulpturen und Grafiken des extravaganten Künstlers. http://dali-interart.be

1 HISTORISCHES BRÜGGE

Venedig des Nordens

Wegen seiner historischen Grachten, die hier »Reien« heißen, und den pittoresken Steinbogenbrücken wird Brügge oft mit Venedig verglichen. Der romantische Altstadtkern breitet sich um den schönen Marktplatz aus mit farbigen Hausfassaden aus dem 16. und 17. Jahrhundert und dem 83 Meter hohen Belfort, auf den 366 Stufen führen. Der schweißtreibende Aufstieg wird mit einer fantastischen Aussicht über die Dächer der Stadt belohnt. Unterwegs gibt es mehrere Räume zu bestaunen wie die Schatzkammer und das Turmzimmer.

TIPP

Das Venedig des Nordens lässt sich wohl kaum gemütlicher erkunden als bei einer Grachtenrundfahrt. Täglich ab 9 Uhr morgens gibt es Bootstouren. Abgelegt wird unter anderem in der Nieuwstraat 11. www.boottochten-brugge.be

(1) Drei architektonische Genter Augenweiden: die Alte Post links, die Kirche Sint Niklaas und der Glockenturm Belfort im Hintergrund (2) Imposant und prunkvoll: das Innere der Sant-Bavo-Kathedrale in Gent (3) Spaß, Wissenwertes und Interessantes für Groß und Klein gibt es in der Ritterburg Gravensteen im Zentrum von Gent.

4 GENTER ALTSTADT Einfach atemberaubend

Hier am Korenmarkt, im Herzen von Gent und nur wenige Gehminuten vom kleinen Jachthafen an der Lindelei entfernt, kann die Stadtbesichtigung beginnen. Der Platz wird von vielen historischen Gebäuden gesäumt wie der Alten Post und der wuchtigen Kirche Sint Niklaas. Dahinter der über allem thronende Belfried, ein 95 Meter hoher Glockenturm, den man wegen seiner herrlichen Aussicht besteigen sollte. Westlich des Platzes liegt der mittelalterliche Hafen mit den Kaufmanns- und Gildehäusern, das wohl schönste Stück von Gent.

TIPP

»Genter Feesten«: Alljährlich im Juli verwandelt sich die Genter Altstadt in eine ausgelassene Festmeile mit Musik, Straßenkunst, Bierzelten und Imbissbuden. https://gentsefeesten.stad.gent/en

5 SANKT-BAVO-KATHEDRALE

Der Genter Altar

Die imposante Sankt-Bavo-Kathedrale am östlichen Altstadtrand beherbergt einen der größten Kunstschätze der Stadt: den Genter Altar, der im geöffneten Zustand etwa 4 mal 5 m groß ist. Der Flügelaltar wurde wahrscheinlich von den Brüdern Van Eyck im 15. Jahrhundert geschaffen und ist das Prunkstück der gewaltigen romanischen Kirche aus dem 10. Jahrhundert, deren Ursprung eine Johannes dem Täufer gewidmeten Holzkapelle ist. Werfen Sie auch einen Blick in die Krypta mit den gut erhaltenen Fresken.

TIPP

An Kirchen mangelt es im katholischen Belgien nicht. Bei Interesse besuchen Sie auch die Sint Niklaas Kirche am Korenmarkt, die zu den bedeutendsten gotischen Kirchbauten Europas zählt. www.cultuurinkerken.be

6 GENTER GRAFENBURG

Geheimnisvolle Burg oder imposantes Gemäuer

Schon von außen ist die seit Jahrhunderten unbewohnte, ehemalige Wasserburg Gravensteen eine Augenweide. Die Burg der Grafen von Flandern ist eine der größten ihrer Art in Europa und macht das wahr, was man von einer echten Ritterburg erwartet: ein Verteidigungssystem mit Wehrturm, meterdicken Stadtmauern mit 24 Türmen, gräflicher Residenz, Stallungen, einen Folterplatz und last but not least einer Sammlung von Folterwerkzeugen. Der Besuch ist nicht nur für Erwachsene interessant.

TIPP

Weg vom Stadttrubel und anderen Touristen? Eine Auszeit kann man in einem der drei ruhigen Beginenhöfe nehmen, wie dem historischen Sankt-Elisabeth-Beginenhof in der Rabotstraat 9. https://elisabethbegijnhof.be

Warten vor dem Schleusentor
in Malestroit auf dem Kanal
Nantes-Brest

17 QUER DURCH DIE BRETAGNE

Mystisches Land am Meer

Mit jedem Kilometer am bretonischen Wasser offenbart sich ein sagenumwobenes Land am Atlantischen Ozean, umgeben einen keltische Traditionen und geheimnisvolle Orte und duftet es ständig nach Meeresfrüchten, Crêpes und Cidre.

Die Bretagne ist nicht nur eine kulturhistorisch beeindruckende und traditionsreiche Region im Westen Frankreichs, sondern auch eines der Lieblingsurlaubsgebiete deutschsprachiger Touristen. Rund 600 Kilometer Wasserwege führen durch mysteriöse Wälder, vorbei an geheimnisvollen Steinformationen, verwunschenen Burgen und Schlössern und durch Orte mit keltischem Charme. Die Hauptachsen verlaufen von Saint-Malo an der bretonischen Nordküste nach La Roche-Bernard an der Südküste und von Nantes im Osten bis nach Mûr-de-Bretagne im Westen. Bis nach Brest kann man seit der Eröffnung des Stausees Guerlédan in 1930 bei Mûr-de-Bretagne nicht mehr weiterschippern. Einige Bootsvermieter haben ihre Basis in Messac, einige in Nantes sowie im 15 Kilometer nördlich der Stadt gelegenen Sucé-sur-Erdre.

»DIE TOP 5 HIGHLIGHTS UND LIEGEPLÄTZE DER REGION«

1. **Schloss der Herzöge in Nantes.** Geschichtsträchtige Mauern. www.chateaunantes.fr/fr

2. **Les Machines de l'Ille auf der Loire-Insel in Nantes.** www.lesmachines-nantes.fr

3. **Passage Pommeraye.** Schicke Einkaufspassage im Jugendstil in Nantes. www.passagepommeraye.fr

4. **Malestroit.** Reizvolles Städtchen. www.brittanytourism.com/destinations/the-10-destinations/destination-brocelian-de/malestroit

5. **Sommerkunst in Pontivy.** Kunst in der Kirche. http://artchapelles.com/internet

Im Jachthafen von Nantes in der Erdre liegen nicht nur klassische Jachten vor Anker.

1 NANTES
Zwischen Loire und Erdre

Zwischen den Flüssen Loire und Erdre erstreckt sich der historische Kern von Nantes. Und fast am Zusammenfluss der beiden liegt das Château des Ducs de Bretagne, eine weitläufige Anlage, deren Innenhof und Galerie auf einem Teil der Schlossmauern frei zugänglich sind. Vor dem Schlosstor steht die Statue der Herzogin Anne, in nördlicher Richtung erhebt sich die Kathedrale Saint-Pierre-et-Saint-Paul mit dem prunkvollen Grabmal der bretonischen Herzöge. Das Hauptschiff des gotischen Bauwerks übertrifft von seiner Größe das von Notre-Dame in Paris.

TIPP

Le Lieu Unique. In der ehemaligen Keksfabrik LU unweit des Schlosses der Herzöge ist heute ein Kulturzentrum untergebracht mit einem gemütlichen Terrassencafé am Ufer des Erdre. www.lelieuunique.com

2 L'ÎLE DE NANTES
Insel in der Loire

Die Loire-Insel inmitten der Stadt ist ein Mix aus alten Werftgebäuden, modernen Wohnkomplexen und coolen Ausgehmöglichkeiten. Dazwischen breitet sich ein kleiner Sandstrand an der Loire aus. Hauptattraktion auf der Insel ist Les Machines de l'Île, eine Ansammlung mechanischer Figuren, die mit Motoren bewegt werden. Ein Beispiel ist der Elefant, der täglich seine Runden auf der Insel zieht mit Touristen auf seinem Rücken – es ist ein besonderes Spektakel, dieses Monster aus Eisen sich bewegen zu sehen.

TIPP

Die Passage Pommeraye ist weit mehr als nur Einkaufspassage mit schicken Geschäften und kleinen Läden; sie ist ein architektonischer Blickfang aus der Mitte des 19. Jahrhunderts. www.passagepommeraye.fr

Er ist der Hauptanziehungs-
punkt von Les Machines de
l'Ile in Nantes: der Elefant aus
Stahl, Eisen, Blech und viel
Mechanik

(1) Bewundern, einkehren, relaxen: in Malestroit ist dafür der Boffay der »place to be«. (2) Das Fachwerk in Josselin kann sich sehen lassen und zeugt von hoher Handwerkskunst. (3) Pontivy ist Dreh- und Angelpunkt in der (Hausboot) Schifffahrt auf dem Kanal Nantes-Brest.

4 JOSSELIN Historischer Schnittpunkt

Auch das charmante Josselin schmiegt sich an das Ufer des kanalisierten Oust. Seit jeher ist der Ort ein bedeutender Schnittpunkt im Verkehrsnetz der Bretagne und war zudem Schauplatz einer der Kämpfe im Erbfolgekrieg. Mitten im Ort thront auf einem Felsen das Schloss der Familie Rohan, von wo aus man einen Teil des Oust-Tales sowohl wirtschaftlich wie auch militärisch beherrschte. Das Schloss ist noch immer im Familienbesitz, jedoch kann man nur das Puppenmuseum besuchen, um einen Blick auf die Anlage zu werfen.

TIPP

Ein Blick in die Kunsthandwerksläden im Zentrum. Im Angebot ist traditionelles Steingut, gelegentlich auch etwas Kitsch. www.bretagne-reisen.de/reiseziele/die-10-reiseziele/destination-broceliande/josselin

3 MALESTROIT Schmuckes Städtchen

Oft verkannt, oft versäumt: Dabei lohnt Malestroit am Ufer des Oust durchaus einen Stopp. Bereits im Jahre 987 gegründet, zeugen viele historische Gebäude um die Place du Bouffay von der reichen Geschichte des Ortes. Anfang des 19. Jahrhunderts wurde aus militärischen Gründen mit dem Bau des Kanals Nantes–Brest begonnen, in den der Oust integriert wurde. Erst später kam die wirtschaftliche Nutzung des Kanals hinzu. Heute ist die Berufsschifffahrt verschwunden; nur noch und Sport- und Hausboote schaukeln auf dem Wasser.

TIPP

Ein guter Liegeplatz wartet nach der Schleuse im Kanal Nantes–Brest. Von hier sind es fünf Gehminuten zur Place du Bouffay, einer der schönsten Plätze der Kleinstadt. www.france-voyage.com/frankreich-stadte/malestroit-20568.htm

5 PONTIVY Das Drehkreuz

Wie vielerorts in der Bretagne, geht auch der Ursprung von Pontivy auf Mönche zurück. Im 7. Jahrhundert ließ Bruder Ivy eine Brücke über den Blavet bauen, der er seinen Namen gab: Pont und Ivy. Anfang des 19. Jahrhunderts wurde der Ort in Napoléonville umgetauft. 70 Jahre später erhielt er seinen Ursprungsnamen zurück. In Pontivy geht der Kanal Nantes–Brest in den Blavet über, der wie der Oust kanalisiert wurde und Richtung Nordwesten nach Mûr-de-Bretagne führt. Es befindet sich auf halber Strecke zwischen Nantes und Brest und ist das Ende des Hausbootreviers.

TIPP

Kunst in der Kirche: Jeden Sommer gibt es in den religiösen Bauwerken von und um Pontivy interessante Ausstellungen nationaler und internationaler Künstler. http://artchapelles.com/internet

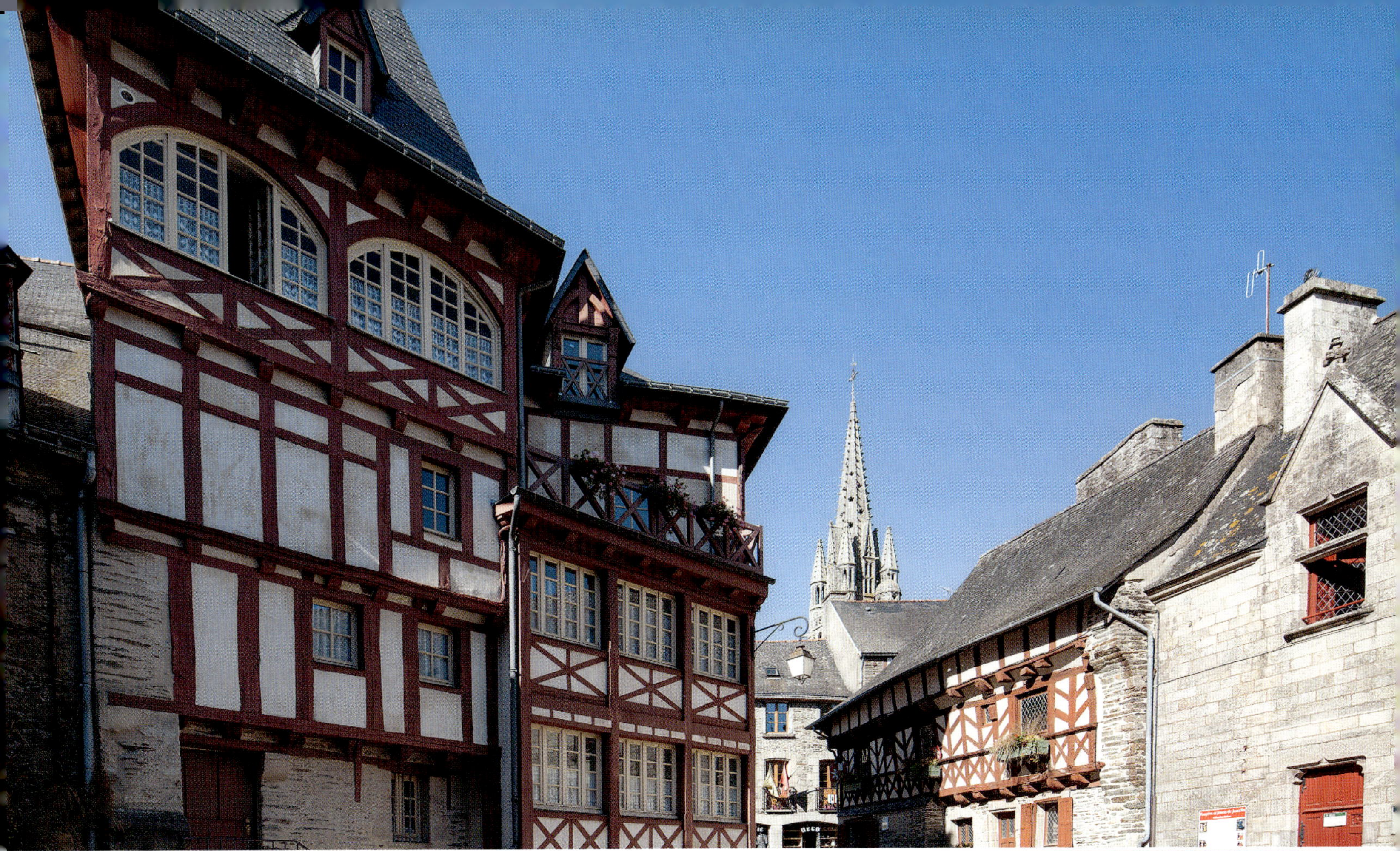

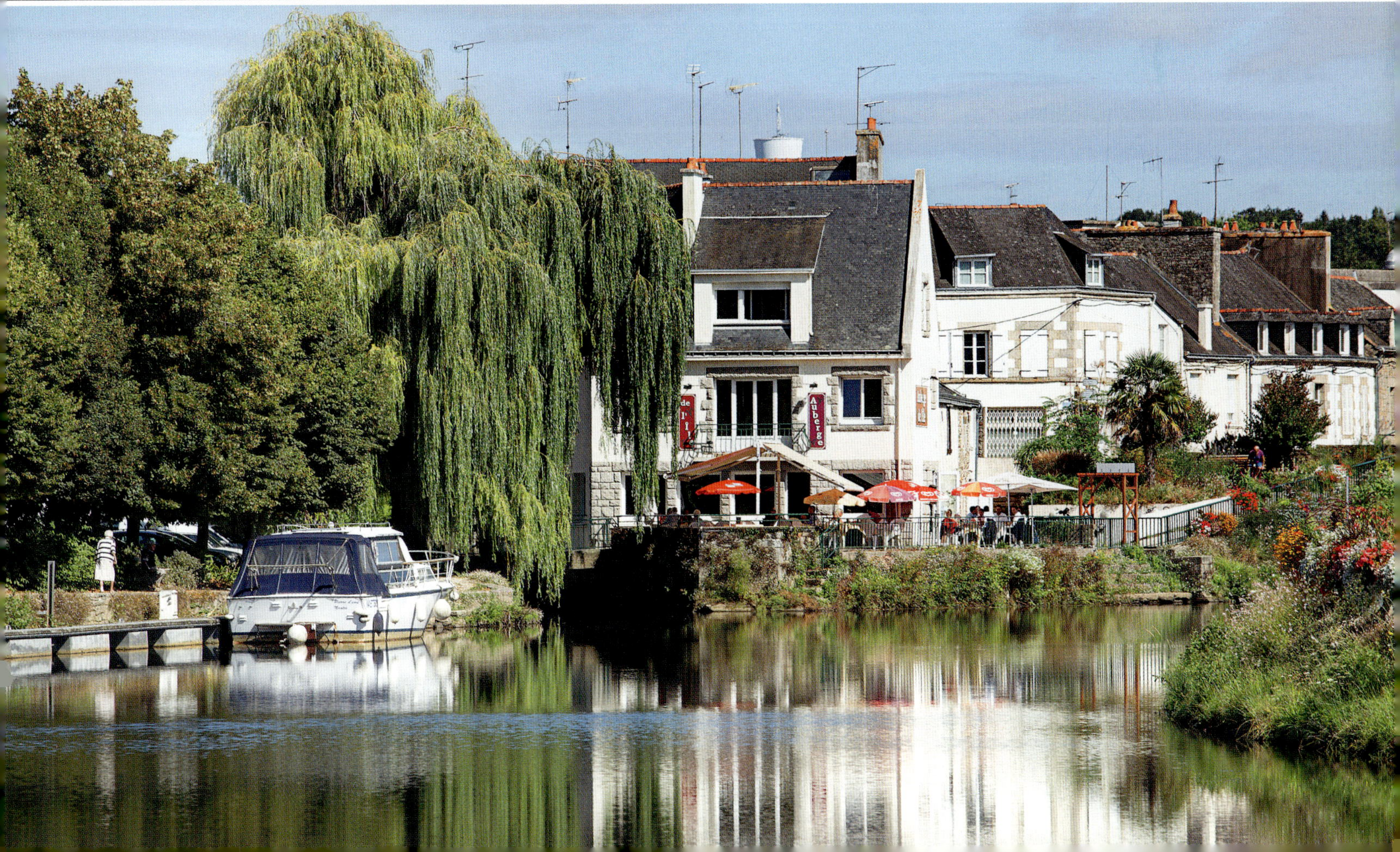

6 MÛR-DE-BRETAGNE

Le fin – das Ende des Kanals

Eigentlich ist es schade, dass der Kanal Nantes–Brest im 2000 Einwohner zählenden Mûr-de-Bretagne für den Bootsverkehr endet, seit der Stausee Guerlédan Mitte der 1920er-Jahre angelegt und 1930 in Betrieb genommen wurde. Denn der Abschnitt nach dem Stausee bis nach Brest umfasst sehr reizvolle Orte und Landschaften. Vielleicht das nächste Mal von Brest aus starten! Von Mûr-de-Bretagne müssen Sie wieder zurück nach Pontivy, etwa 20 Kilometer auf dem Blavet, und dann weiter zu Ihrem Ausgangspunkt, es sei denn, Sie haben eine Einwegmiete abgeschlossen. Ab Pontivy können Sie übrigens Richtung Süden ans Meer schippern. 28 Schleusen sind unterwegs bis nach Lorient am Meer zu bewältigen. Und südlich von Hennebont wird der Blavet bereits durch die Gezeiten beeinflusst, weshalb dieser Abschnitt zu den Seewasserstraßen zählt.

TIPP

Den Stausee bei Mûr-de-Bretagne dürfen Sie nicht befahren. Es ist besser, Sie bleiben in Pontivy und unternehmen von dort aus einen Tagesausflug auf dem Blavet bis nach Mûr-de-Bretagne, das einiges zu bieten hat.

Obwohl es hier nicht mehr
weitergeht mit dem Hausboot,
lohnt sich ein Abstecher von
Pontivy nach Mur-de-Bretagne.

Unterwegs mit einem der beliebtesten Hausboot-Modelle in Frankreich: das preiswerte und komfortable Modell Caprice, das mitunter 6 Personen Platz bieten kann.

18 BRETONISCHE HAUPTSTÄDTE

Von Nantes nach Rennes

Zwei faszinierende Städte, zwei unterschiedliche Gesichter, zwei verschiedene Funktionen im heutigen Alltag, und doch haben sie eines gemeinsam: eine bewegte Geschichte, die auf Schritt und Tritt in den historischen Vierteln noch spürbar ist.

Nantes war zeitweilig die bretonische Hauptstadt, Rennes hat heute diesen Titel inne. Ausgangspunkt bei dieser Tour durch den Osten der Bretagne ist – wie auch bereits bei Route 17 – Nantes, weshalb die Stadt auch dort beschrieben wurde. Falls Großstadttrubel im über 300 000 Einwohner zählenden Nantes eher nicht in die Urlaubsplanung passt, dann sollten Sie in Sucé-sur-Erdre nördlich von Nan-

tes beginnen, wo es auch Bootsvermieter gibt. Von hier aus können Sie Nantes übrigens auch in einem Tagesausflug besuchen. Der Hafen in Nantes liegt bei der l'Île de Versailles, einer kleinen Insel im Fluss Erdre, und ist circa 15 Kilometer von Sucé-sur-Erdre entfernt. Vom Stadthafen sind es rund 1,5 Kilometer zum »Schloss der Herzöge«, eine der Hauptattraktionen der Stadt, die man keineswegs verpassen sollte.

»DIE TOP 5 HIGHLIGHTS UND LIEGEPLÄTZE DER REGION«

1. **Fachwerkhäuser auf den Place des Lices in Rennes.**
   www.tourisme-rennes.com/en

2. **Festivalstadt Rennes.** Musik und zeitgenössische Künste
   www.tourisme-rennes.com/en/
   search?app_search%5Bq%5D=festival

3. **Jardin du Thabor, Rennes.** Blühende Oase mitten in der Stadt.
   www.tourisme-rennes.com/en/discover-rennes/thabor-gardens-brittany

4. **Dinans mittelalterlicher Kern.** Historisches Gemäuer
   www.brittanytourism.com/destinations/
   the-10-destinations/cap-frehel-saint-malo-mont-saint-michel-bay/dinan

5. **Stadthafen von Dinan.** Herrliche Lage.
   www.dinan.fr/179/port-de-plaisance

In den Gewässern um
Redon kann es vor allem am
Wochenende zu verstärktem
Schiffsverkehr kommen.

1 REDON

Kloster, Kanal und wichtiger Knotenpunkt

Mit der Hilfe des Karolingers Ludwig dem Frommen gründete ein bretonischer Mönch im Jahre 832 die Benediktinerabtei Saint-Sauveur an der Einmündung des Oust in die Vilaine. Die Errichtung des Klosters war auch der Beginn des heute charmanten Städtchens Redon. Schon im Mittelalter profitierte es von seiner günstigen Lage an der schiffbaren Vilaine. Handelsgüter konnten mit großen Schiffen vom Meer aus über den Fluss bis nach Redon gebracht, dort umgeladen und mit kleinen Booten und Lastkähnen bis nach Rennes weitertransportiert werden. Das Städtchen wuchs schnell heran und bekam im 19. Jahrhundert mit dem Bau des Kanals Nantes–Brest einen weiteren Impuls. 1862 kamen die Bahngleise aus allen Richtungen nach Redon, wodurch es zu einem der bedeutendsten Knotenpunkte im Verkehrsnetz aufstieg.

TIPP

Das Musée de la Batellerie de l'Ouest beleuchtet mit seinen Objekten, (Schiffs)Modellen, Fotografien und zwei restaurierten Kähnen die Binnenschifffahrt in Frankreich im Allgemeinen und in der Bretagne im Besonderen. www.visitsouthbrittany.com/museum-inland-waterways-and-industrial-heritage-sites

(1) Die schönsten und ältesten Fachwerkgebäude von Rennes findet man auf der Place des Lices. (2) Das Opernhaus von Rennes wurde 1836 von Charles Miallardet als Theater konzipiert. Heute dient es als Opernhaus mit rund 642 Sitzplätzen. (3) Auch Picasso und andere Künstler begannen einmal mit ihrem Talent Geld auf der Straße zu verdienen.

2 RENNES Zentrum der Bretagne

Rennes ist in vielerlei Hinsicht der Mittelpunkt der Bretagne. Elegante, windschiefe Fachwerkhäuser um die Place des Lices, das mittelalterliche Stadttor Mordelaises, die Kathedrale Saint-Pierre, das barocke Rathaus oder das Renaissance Hôtel de Blossac zeugen noch heute von einer bewegten Stadtgeschichte. Nach der Zerstörung im Zweiten Weltkrieg wurde die Stadt als Universitäts- und Kulturmetropole wieder belebt und erhielt 2000 mit den Champs Libres ein hypermodernes Wissenschafts- und Kulturzentrum.

TIPP

Schöner und zentraler Liegeplatz am Quai Saint-Cry nahe der Pont de Bretagne. Von hier sind es nur wenige Gehminuten ins Zentrum. Vor der Brücke geht es links durch die Schleuse in den Kanal Ille-et-Rance und weiter nach Dinan.

3 KULTURELLES RENNES

Straßenkunst und Festivals

Die ganze Stadt avanciert mehrmals im Jahr zur Bühne für diverse Musikevents, Straßenkunstfestivals und Kunst im öffentlichen Raum. Vor allem das im Sommer stattfindende Festival »Les Tombées de la Nuit« mit Paraden, Konzerten mit klassischer und moderner Musik und Zirkusvorstellungen lockt Tausende Besucher an. Doch sollte auch ein Besuch des Musée des Beaux Arts (Kunstmuseum) und des Musée de Bretagne eingeplant werden. Letzteres informiert ausführlich über die bewegte bretonische Geschichte.

TIPP

Der Jardin du Thabor ist eine blühende Oase inmitten der Stadt. Zehn Hektar Parklandschaft lassen viel Platz für Spaziergänge zwischen alten Bäumen und Blumenbeeten abseits des Großstadttrubels. www.tourisme-rennes.com/en/discover-rennes/thabor-gardens-brittany

4 DINAN

Die Festungsstadt, ein wahres Schmuckstück

Von Rennes aus lässt sich leicht die gut erhaltene Festungsstadt Dinan erreichen. Eine Weiterfahrt nach Saint-Malo an der Nordküste der Bretagne ist ohne Bootsführerschein allerdings nicht möglich. Dinan ist ein wahres Schmuckstück unter den Kleinstädten der Bretagne. Seine historische Altstadt liegt etwa 75 Meter über dem Fluss Rance, der mit dem Canal d'Ille-et-Rance mit Rennes verbunden ist. Der historische Kern ist mit wehrhaften Festungsmauern umgeben. Neben dem Schloss mit seinem beeindruckenden Gemäuer zählen der 45 Meter hohe Glockenturm aus dem 15. Jahrhundert, die Fachwerkhäuser in den Altstadtgassen, die im Stil der Gotik, später im Stil der Renaissance erbaute Saint-Malo-Kirche und die bis heute unvollendete Basilika Saint-Sauveur aus dem 12. Jahrhundert zu den Sehenswürdigkeiten der Stadt.

TIPP

Einfach mal hoch auf den 45 Meter hohen Uhrturm Tour de l'Horloge im Zentrum. Bevor Sie jedoch den atemberaubenden Ausblick genießen können, müssen 160 Stiegen bewältigt werden. www.dinan-capfrehel.com/de

Egal wie lange Sie unterwegs sein werden, der Abstecher nach Dinan sollte gemacht werden. Das Städtchen ist einfach atemberaubend schön.

Alter Frachtkahn auf dem
Canal du Nivernais, der zu
einem schmucken Hausboot
umgebaut wurde

19 DAS LOIRE-TAL

Unterwegs im Westen des Burgunds

Berühmt für prunkvolle Palais und Schlösser, beliebt wegen der reizvollen Landschaften, interessant wegen der Traditionen und bekannt für Weine und hervorragende Gastronomie: Das abwechslungsreiche Burgund ist Frankreichs Hausbootregion par excellence.

Der bootsführerscheinfrei befahrbare Teil des Loire-Tals liegt im Westen des Burgunds und bildet zusammen mit den Kanälen Nivernais, Briare und Loing sowie dem Fluss Yonne das Hausbootrevier, das sich zusätzlich mit dem Burgund-Kanal ab Migennes erweitern lässt. Auf dem Loire-Seitenkanal und den erwähnten Wasserwegen lässt sich eine sehr abwechslungsreiche und interessante Rundtour durch den Westen des Burgunds unternehmen. Für die gesamte Tour sollte man mindestens zwei Wochen zur Verfügung haben. Möchte man die gesamte Tour eher gemütlich angehen und alles sehen, dann sollten besser drei Wochen eingeplant werden. Bester Ausgangspunkt an der Loire ist Châtillon-sur-Loire. Am Fluss Yonne gibt es Bootsvermieter in Migennes, am Kanal Nivernais haben die Vermieter Tannay gewählt.

»DIE TOP 5 HIGHLIGHTS UND LIEGEPLÄTZE DER REGION«

1. Kanalbrücke von Briare, ein Meisterwerk der Ingenieurskunst.
   www.tourisme-briare.com/english

2. Montagris, das »Venedig von Gatinais«.
   www.france-voyage.com/frankreich-tourismus/montargis-1186.htm

3. Nevers, hübsches Städtchen im Süden des Loire-Kanals.
   www.nevers-tourisme.com/de

4. Liegeplatz am Fuße der Kathedrale von Auxerre.
   www.burgund-tourismus.com/willkommen-in-burgund/hauptattraktionen/INCONBOU000V50021R/detail/auxerre/auxerre

5. Sektkellerei Bailly Lapierre mit spektakulärer Bauweise im Kreidefelsen.
   www.bailly-lapierre.fr/de

Das Kleinstädtchen Nevers mit ihrer markanten Kathedrale schmiegt sich an das linke Ufer der hier nicht schiffbaren Loire.

1 CANAL LATÉRAL À LA LOIRE

Der Seitenkanal

Da der Wasserstand der Loire nicht immer die Schifffahrt erlaubte, wurde von 1822 bis 1838 der Canal latéral à la Loire angelegt. Mit 196 Kilometern Länge führt er von Digion im Süden nach Briare, wo er in den Canal de Briare übergeht. Die interessantesten Orte unterwegs sind Nevers, Sancerre und Châtillon-sur-Loire, ein Meisterwerk ist die Kanalbrücke von Briare, eine 662 Meter lange und neun Meter breite Trogbrücke, die unter anderem von Gustave Eiffel erbaut und 1896 dem Verkehr übergeben wurde.

TIPP

Unterwegs gibt es viele kleine Dörfer, die zu einem Kurzbesuch einladen. Dabei erhält man einen guten Einblick in das Dorfleben, das vor allem durch den Weinbau geprägt wird. Mitunter kann man auch den Rebensaft verkosten.

2 NEVERS Verkehrsknotenpunkt

Bereits von Weitem sichtbar thront die Kathedrale von Nevers über der Stadt und der Loire, wo an dieser Stelle bereits die Römer wegen der günstigen Lage eine Siedlung errichteten. Diese Lage brachte Nevers eine bedeutende Stellung als Verkehrsknotenpunkt, doch mit der Loire-Schifffahrt, dem Bau des Seitenkanals und dem Anschluss ans französische Schienennetz im 19. Jahrhundert erlebte die Stadt einen enormen wirtschaftlichen Aufschwung, der sich noch heute in prächtigen Palais und Herrenhäusern wiederspiegelt.

TIPP

Heute keine Lust zum Einkaufen und selbst zu kochen? Das Restaurant Jean-Michel Couron in der Rue Saint-Étienne 21 gehört zu den besten Gourmettempeln der Stadt. www.jm-couron.com

Fachwerk vom Feinsten und Geschichte auf Schritt und Tritt in den Altstadtgassen von Nevers

Ländliche Idylle am Ufer des Canal Lateral á la Loire

3 YONNE UND NIVERNAIS

Auxerre – Wein und Wasser

Den östlichen Abschnitt der Rundtour bildet der Fluss Yonne zwischen Montereau-Fault-Yonne und Migennes und dem anschließenden Kanal du Nivernais bis nach Decize. Hauptort der Region ist das schön gelegene Auxerre (35 000 Einwohner), wo man am Ufer der Yonne bei der gebogenen Fußgängerbrücke über den Fluss anlegen kann. Das Stadtzentrum ist vom Liegeplatz nur wenige Gehminuten entfernt. Interessant im alten Stadtkern ist die gotische Kathedrale Saint-Étienne mit kostbaren Buntglasfenstern, filigranen Figuren und einer romanischen Krypta mit Fresken aus dem 11. Jahrhundert sowie der Glockenturm, der Landschaftspark Parc de l'Arbre-Sec und die romanische Kirche Saint-Eusèbe d'Auxerre. Versäumen Sie auch nicht die am Nordrand der Stadt gelegene Benediktinerabtei Saint-Germain aus dem 5. Jahrhundert.

TIPP

Etwa zwölf Kilometer südlich von Auxerre, am Ostufer der Yonne liegt das Weingut Bailly Lapieere, eine in den Felsen gebaute Sektkellerei, die schon wegen ihrer Bauweise sehenswert ist. www.bailly-lapierre.fr

Manchmal kann der Canal du Nivernais ganz schön schmal sein, doch kommt es selten dabei zu Problemen mit einem Hausboot.

Argens-Minervois ist einer der schönsten und reizvollsten Orte entlang des Canal du Midi.

20 CANAL DU MIDI

Meisterwerk der Technik

Rund 250 Kilometer, 126 Brücken, sieben Trogbrücken, 65 Schleusen, drei Schleusentreppen und noch mehr – insgesamt rund 350 Bauwerke, die den Kanalbetrieb ermöglichen. Der Canal du Midi ist nicht nur ein Meisterwerk der Technik, sondern auch eine Herausforderung für Hausbooturlauber.

Wenn man bedenkt, dass dieser Kanal im 17. Jahrhundert in nur 14 Jahren und in einer Zeit erbaut wurde, in der es noch keine Hilfsmittel wie Grabmaschinen oder Lastkraftwagen gab, wird einem erst klar, welche außergewöhnliche Leistung hier von Menschen vollbracht wurde. Man muss nicht die gesamte Strecke schippern. Für erfahrene Kapitäne kann die Tour von Osten nach Westen in Sète (Seeüberquerung) oder Port Cassafières (Schleusentreppe bei Béziers) beginnen. Für weniger Erfahrene oder Anfänger ist Le Somail oder Homps ein guter Startpunkt. Ab hier kann man das Herzstück des Kanals erkunden und einen Abstecher nach Narbonne machen. Natürlich gibt es auch Schleusen, aber kein solches Meisterwerk wie die sechsstufige Schleusentreppe in Fonserannes. In den genannten Orten haben Bootsvermieter ihre Basis.

»DIE TOP 5 HIGHLIGHTS UND LIEGEPLÄTZE DER REGION«

1. **Altstadt von Béziers.** Mittelalterliche Weinstadt.
www.beziers-in-mediterranee.com/de

2. **Schleusentreppe von Fonserannes.** Außergewöhnliches Bauwerk.
www.beziers-in-mediterranee.com/les-9-ecluses-de-fonseranes

3. **Narbonne.** Schon der Schriftsteller Gustave Flaubert schwärmte von der alten Römerstadt.
www.narbonne-tourisme.com

4. **Zitadelle von Carcassonne.** Festungsstadt hoch über der Aude
https://de.france.fr/de/okzitanien-sud-frankreich/artikel/festungsstadt-carcassonne

5. **Toulouse, die »rosarote Stadt«** hat mehr zu bieten als nur Flugzeuge von Airbus.
www.toulouse-tourismus.de

(1) Von der Panorama-Plattform auf dem Mont Saint-Clair bietet sich ein wunderschöner Blick auf die Stadt Sète. (2) In den Austernbänken am Westufer des Étang de Thau wächst die regionale Spezialität »Huitres« langsam heran. (3) In Agde befinden sich die besten Restaurants mit Fisch- und Meeresfrüchten auf Pontons im Fluss Hérault.

1 SÈTE Zwischen Meer und See

Das Hafenstädtchen Sète ist der Knotenpunkt in der Kanalschifffahrt durch Südfrankreich. Hier treffen der Rhône-Kanal, das Mittelmeer und der Canal du Midi aufeinander. Sète wird von den wenigsten Hausbooturlaubern als Startpunkt genommen. Dabei hat die Kleinstadt durchaus reizvolle Seiten: schöne Kais, die Markthalle, das Fischerviertel Pointe Courte und das italienisch geprägte Quartier Haute am Fuße des 183 Meter hohen Mont Saint-Clair. Von seiner Aussichtsplattform hat man einen herrlichen Blick auf die Stadt und den Étang de Thau.

TIPP

Vor dem Palais Consulaire am Quai Louis Pasteur werden täglich Touren mit historischen Fischerbooten kreuz und quer durch die Stadt angeboten und dabei auch die alten, noch funktionstüchtigen Hebebrücken besichtigt.

2 ÉTANG DE THAU Jede Menge Austern

Sanft eingebettet liegt der Étang de Thau zwischen einem Landstreifen am Mittelmeer und dem Festland des Départements Hérault. Der natürliche See bildet den ersten Abschnitt des Kanals und verbindet das Meer mit den ersten gegrabenen Kanalmetern bei Les Onglous am Südufer. Die Einfahrt markiert ein Leuchtturm. Der salzhaltige See auch zur Zucht von Austern genutzt. Austernbänke bevölkern vor allem das Nord- und Westufer. In den Dörfern werden die Austern nach der »Ernte« sofort gewaschen, in Netze verpackt und zu den Endabnehmern gebracht.

TIPP

In den (Hafen)Restaurants und Markthallen (Les Halles) der malerischen Fischerdörfer am Westufer wie Mèze und Marseillan können die Austern (»huitres«) verkostet werden. Dazu passt ein regionaler Wein aus dem Languedoc-Roussillon.

3 AGDE Ungewöhnliche Rundschleuse

Der erste größere Ort nach dem Étang de Thau ist das malerisch gelegene, mittelalterliche Städtchen Agde mit romanischer Kathedrale Saint-Étienne, die durch ihre imposante Erscheinung den Blick auf sich zieht. In Agde quert der Canal du Midi den Fluss Hérault. Eine für den Kanal außergewöhnliche Rundschleuse bildet die Kreuzung zwischen Kanal, Fluss und einem Seitenkanal, der direkt nach Agde führt und bei der einzigen Brücke der Stadt wieder in den Hérault mündet. Kurz nach der Brücke kommen die ersten Liegeplätze und der Hafen von Agde in Sicht.

TIPP

Bei der Brücke reihen sich mehrere Restaurants auf Pontons aneinander, die einen guten Ruf bei Gerichten mit fangfrischem Fisch und Meeresfrüchten genießen. Die Lage ist hervorragend, vor allem abends sehr romantisch.

(1) Historische Brücke über den Orb in Béziers mit der hoch über der Stadt thronenden Kathedrale (2) Der Schleusenvorgang in der sechsstufigen Schleusentreppe von Fonserannes ist ein Spektakel für die Zuschauer, aber eine Geduldsprobe für die Freizeitkapitäne.

4 BÉZIERS Zentrum des Weinhandels

Schon in der Römerzeit war Béziers Zentrum des Weinhandels. Die Spuren wurden mit der Zerstörung einer römischen Kirche, die sich auf dem höchsten Punkt befand, teilweise ausgelöscht. Auf ihren Grundmauern baute man die weithin sichtbare gotische Kathedrale Saint-Nazaire. Um sie herum gruppiert sich der historische Kern, am Fuße des Stadthügels überspannt der pittoreske Pont Vieux den Orb. In Béziers wurde der Kanalarchitekt Pierre-Paul Riquet geboren, ohne dessen technisches Wissen der Bau des Canal du Midi vermutlich nie zustande gekommen wäre.

TIPP

Die besten Adressen, um den Alltag in Béziers zu erleben, sind der Rathausplatz im historischen Zentrum und die nach dem Kanalarchitekten benannte Riquet-Allee. Einen wunderschönen Panoramablick haben Sie von der Kathedrale.

5 SCHLEUSENTREPPE FONSERANNES

Schwindelerregend

Da liegt sie nun vor einem: die monumentale, sechsstufige Schleusentreppe Fonserannes bei Béziers. 14 Meter Höhenunterschied überwindet das Bauwerk. Wenn geschleust wird – täglich zwischen 9 und 16 Uhr –, ist das jedes Mal ein Spektakel, das massenweise Besucher anzieht. Informieren Sie sich vorab genau, zu welchen Zeiten in Ihre Fahrtrichtung geschleust wird, die Wartezeit kann ganz schön lang werden! Das neben der Schleusentreppe erbaute Schiffshebewerk hat 2001 den Betrieb wegen technischer Mängel wieder eingestellt.

TIPP

Wenn Sie auf dem Weg von Westen nach Béziers sind, finden Sie einen Liegeplatz oberhalb der Schleusentreppe. Schippern Sie ab Béziers Richtung Westen, sollten Sie im Hafen von Béziers anlegen. www.beziers-in-mediterranee.com

6 NARBONNE

Römisches Erbe hautnah erleben

Colonia Narbo Martius hieß die römische Siedlung, die 118 v. Chr. gegründete wurde und aus der sich schließlich Narbonne entwickelte. Ihre reiche und wechselhafte Geschichte spiegelt sich in vielen Orten und Gebäuden der Stadt wider. Auf dem Rathausplatz befinden sich die Überreste der Via Domitia, einer Römerstraße aus dem 2. Jahrhundert, die von Italien nach Spanien führte. An der Nordseite des Platzes steht der alte Bischofssitz, dessen wehrhafter Turm bestiegen werden kann. Schräg rechts dahinter erhebt sich die unvollendete Kathedrale Saint-Just-et-Saint-Pasteur. Es gibt noch mehr zu bewundern, daher einen ganzen Tag einplanen, wenn man vom 20 Kilometer entfernten Canal du Midi einen Abstecher hierher machen möchte. Schon der Schriftsteller Gustave Flaubert schwärmte 1840 von dieser Stadt.

TIPP

Anlegestellen gibt es am Zentrumsrand im Canal de la Robine bei der Pont de Liberté. Dort befindet sich auch die 100 Jahre alte Markthalle mit Obst-, Gemüse- und Imbissständen sowie kleinen Restaurants. Geöffnet nur bis 14 Uhr. www.narbonne.halles.fr

Die Altstadt von Narbonne
vom Canal de la Robine aus
betrachtet – mit der Häuser-
brücke Pont des Marchands
links und den Türmen des
Bischofssitzes im Hintergrund

(1) UNESCO-Welterbe und ein Muss bei einem Besuch von Carcassonne: die Zitadelle hoch über der Aude (2) Etwas außerhalb des Grand Bassin von Castelnaudary gibt es direkt im Canal du Midi ebenfalls Anlegeplätze, wenn im Großen Becken kein Platz mehr ist. (3) Kunstlicht am Abend taucht die historische Pont Saint Pierre von Toulouse in eine besondere Stimmung.

8 CASTELNAUDARY Imposantes Burgdorf

Schon von Weitem ist die auf der höchsten Stelle von Castelnaudary gelegene wuchtige Stiftskirche Saint-Michel mit ihrem 56 Meter hohen Turm auszumachen. Sie erinnert vage an eine Burg, von der aber nichts mehr erhalten ist. Am Fuße der Kirche bzw. des Ortszentrums erstreckt sich das Grand Bassin, das große Becken, das im Zuge des Kanalbaus mit der Hand ausgegraben wurde. Schon wegen des Liegeplatzes am Südufer des Beckens mit einer romantischen Stimmung am Abend sollte hier eine Übernachtung eingeplant werden.

TIPP

Wenn es keinen Platz mehr im großen Becken gibt: Am Westufer liegt eine kleine Insel, hinter der man anlegen kann, oder weiter unter der steinernen Bogenbrücke hindurchschippern; danach gibt es beidseitig Liegeplätze. www.ville-castelnaudary.fr

7 CARCASSONNE Zwei Gesichter

Carcassonne unterteilt sich in die Unterstadt La Bastide Saint-Louis mit einer Mischung aus Moderne und Architektur des 19. und 20. Jahrhunderts und die Oberstadt Le Cité. Die Zitadelle ist UNESCO-Weltkulturerbe und seit Jahrzehnten beliebter Drehort. Mehr als 20 Filme vor allem aus dem Genre Mantel- und Degen-Filme wurden hier bereits gedreht wie »Robin Hood« mit Kevin Costner. Die Besichtigung der Festungsstadt ist ein Muss für alle, egal ob sie mit Auto, Bus, Flugzeug oder Boot angereist sind.

TIPP

Vom Jachthafen an der Nordseite der Unterstadt aus sind es ca. 2,5 Kilometer zur Zitadelle. Regelmäßig fahren Busse zur Festungsstadt hoch; man kann aber auch hochradeln und das Fahrrad beim Haupteingang abstellen. www.tourismus-carcassonne.de

9 TOULOUSE Die rosarote Stadt

»La Ville Rose« ist der Beiname von Toulouse, den die Stadt wegen der rosa bis rotbraunen Terrakottasteine erhielt, die viele Fassaden schmücken. Beste Beispiele findet man in der belebten Rue du Taur. Toulouse hat viel Sehenswertes zu bieten, darunter den Konvent der Jakobiner, die zum UNESCO-Welterbe zählende Basilika Saint-Sernin, das Hôtel-Dieu Saint-Jacques (einstiges Spital), die Bischofskirche Saint-Étienne, das eindrucksvolle Capitole (Rathaus) oder das Hôtel d'Assézat, ein imposantes Herrenhaus aus dem 16. Jahrhundert.

TIPP

Am Sonntag ist der Zutritt zu den barocken Innenräumen des Rathauses (Capitole) frei. Der Eintritt an den restlichen Tagen ist aber nicht hoch und den Besuch allemal wert. www.toulouse.fr

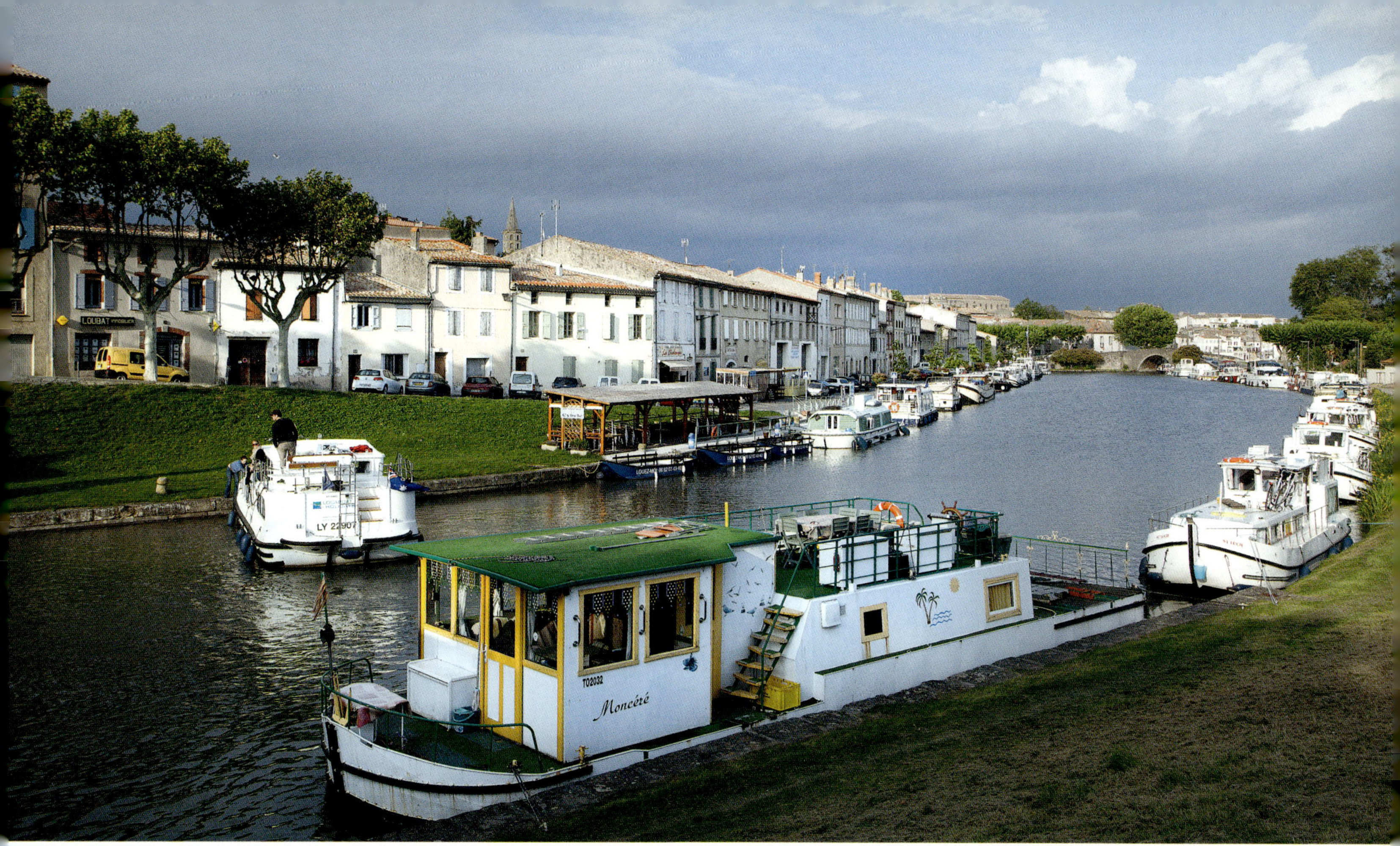
TO2032
Moncéré

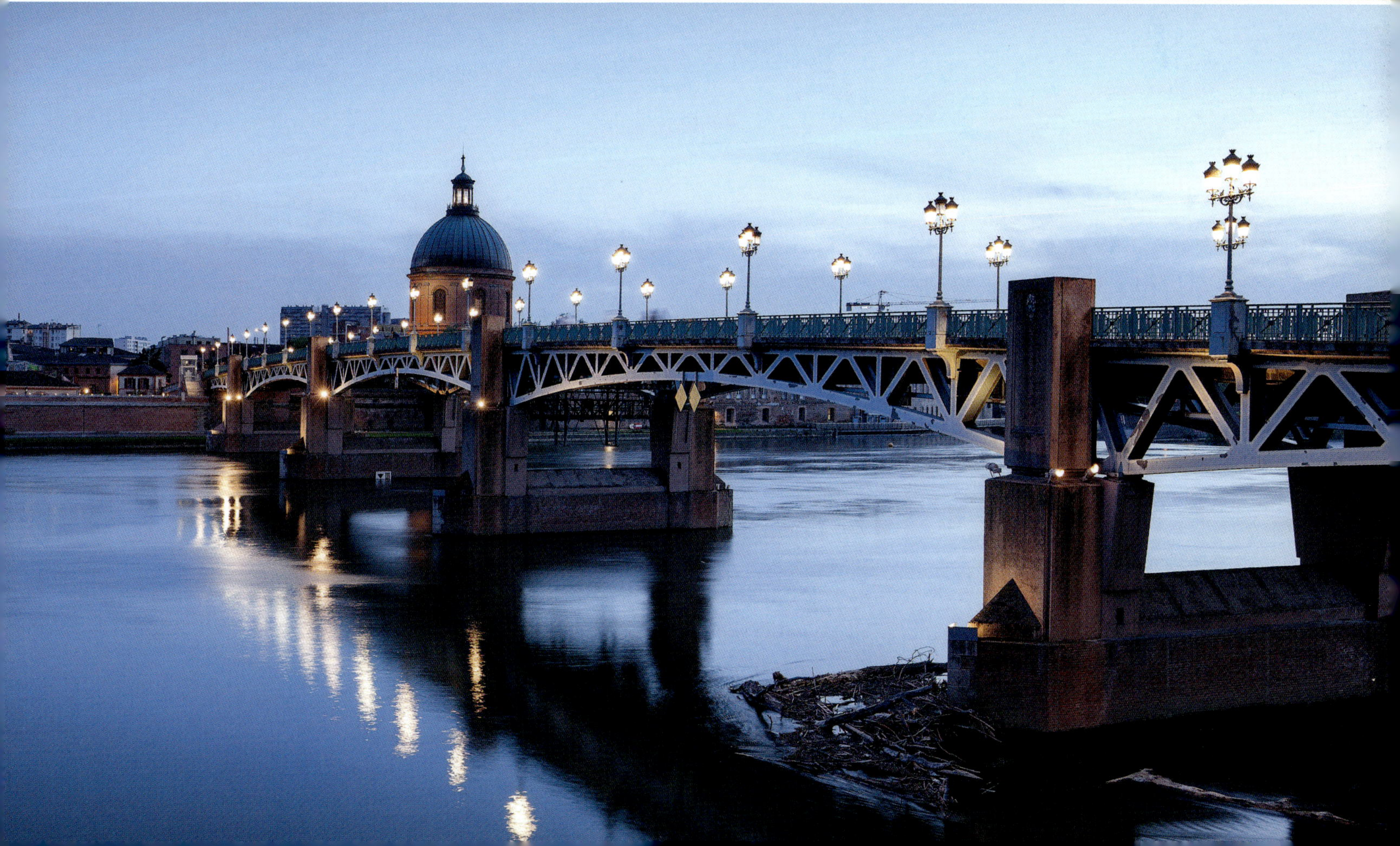

Wer dem Trubel in der Lagune Venedigs entfliehen möchte, der sollte auf der dünn besiedelten Insel Torcello den Anker werfen.

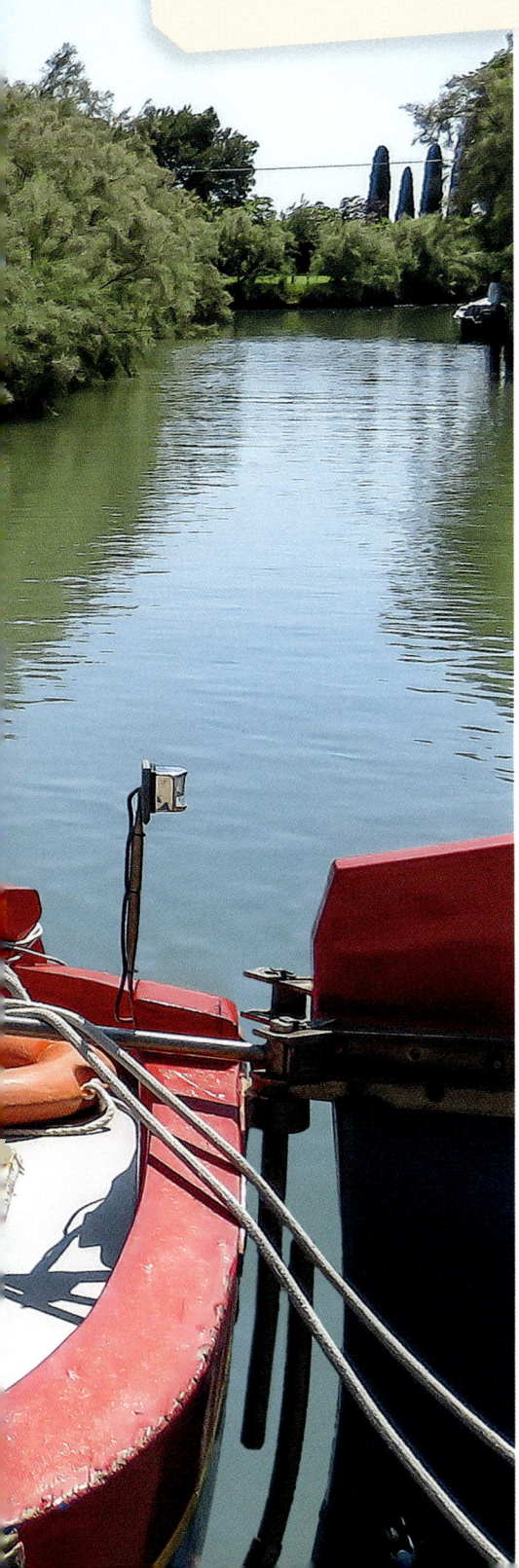

21 VENETIEN
Die »Serenissima« und der Brenta-Kanal

Venezianische Architektur, Kunstwerke von hohem Stellenwert und »Dolce Vita« – wohl kaum einer andere italienische Stadt als Venedig und die Uferregion des Brenta reflektieren den Handelsgeist und den Reichtum venezianischer Kaufleute besser.

Venedig hat eigentlich immer Saison, egal ob zum Karneval, im farbenfrohen Frühling oder im bunten Herbst, will aber auch heißen, dass es immer drunter und drüber geht in Sachen Tourismus. Und dann sind da noch die Kreuzfahrtschiffe, die täglich in die Lagune einlaufen. Trotz allem sind die Lagune, die Lagunenstadt und der etwas ruhigere Brenta-Kanal ein beliebtes Hausbootrevier. Ein guter Ausgangspunkt ist Casale-Sul-Sile. Von hier geht es auf dem Fluss Sile nach Portegrandi, wo nach Nordosten der Taglio del Silo abzweigt und an die Riviera führt. Von dort kann man in Küstennähe weiter bis Grado schippern. Der Sile biegt nach Südwesten ab und führt direkt in die Lagune Venedigs. Westlich von Venedig bei Fusina beginnt der Naviglio del Brenta, der Sie über Moranzani, Malcontenta, Mira Porte, Dolo und Stra nach Padua bringt.

»DIE TOP 5 HIGHLIGHTS UND LIEGEPLÄTZE DER REGION«

1. **Venedig**. Bezaubernd, verführerisch und immer eine Reise wert.
   http://de.turismovenezia.it

2. **Torcello, Mazzorbo und Burano**. Interessante Laguneninseln.
   www.enit.de/index.php?id=179

3. **Venezianische Villen am Brenta-Ufer**.
   www.ilburchiello.it/de/das-brenta-kanal

4. **Padua**. Klein, fein, romantisch.
   www.turismopadova.it/de

5. **Giotto-Fresken in der Scrovegni-Kapelle von Padua**.
   www.enit.de/index.php?id=14

(1) Farbenprächtige Häuser auf der Laguneninsel Burano (2) Venedigs Häuser sind architektonische Juwele, haben aber viel unter dem vorherrschenden Klima zu leiden, was an den Fassaden deutlich abzulesen ist.

1 VENEDIG Venezianisches Juwel

Der Traum jedes Freizeilkapitäns: in der Lagunenstadt am berühmten Markusplatz zwischen venezianischen Gondeln anlegen und dann vom Boot aus die Stadt erkunden. Es ist möglich, jedoch hat der Tourismus in Venedig so zugenommen, dass sich die Stadtverwaltung gezwungen sah, rigoros einzugreifen. Nichtsdestotrotz ist und bleibt Venedig eine Stadt, die man ihrer Schönheit und Kunstschätze wegen einmal im Leben gesehen haben muss. Lassen Sie sich also nicht davon abschrecken, Ihren Fuß an Land in der Lagunenstadt zu setzen.

TIPP

In der Lagune herrscht reger Bootsverkehr, vor allem die großen Kreuzfahrtschiffe, die Venedig anlaufen, sorgen für höheren Wellenschlag. Obwohl führerscheinfrei, ist die Route eigentlich nur erfahrenen Freizeitkapitänen zu empfehlen.

2 LAGUNENINSELN Torcello, Mazzorbo, Burano

Auf dem Weg nach Venedig lohnt sich ein Stopp auf einer der Laguneninseln Torcello, Mazzorbo oder Burano. Torcello ist ein dünn besiedeltes Eiland, das aber im Sommer wegen seiner Atmosphäre und der Basilika Maria Assunta mit Mosaiken und Glockenturm ein Besuchermagnet ist. Über eine Brücke kann ein Abstecher zur Insel Burano gemacht werden. Mazzorbo lockt mit Häusern aus dem 16. und 17. Jahrhundert sowie mit der Kirche Santa Caterina (14. Jh.), in der die älteste Glocke der Lagune noch immer ihren Dienst tut.

TIPP

Wer Venedig besuchen möchte: Von den Inseln verkehren regelmäßig Wasserbusse in die Lagunenstadt, was viel Zeit bei z.B. der Suche nach Anlegemöglichkeiten spart. Infos und Tickets unter www.venedig-reiseinfo.de/Venedig_Wasserbus.php

2

Hier, unter dem Dach der Scrovegni-Kapelle in Padua befinden sich die berühmten Giotto-Fresken.

3 RIVIERA DEL BRENTA

Venezianische Sommervillen

In kaum einer anderen Region drängen sich so viele Villen im venezianischen Stil wie an den Ufern des Brenta. Diese Landsitze entstanden ab dem 16. Jahrhundert, als reiche Kaufleute und Adelige in den heißen Sommermonaten Venedig entflohen, um hier in der kühleren Region ein Domizil zu errichten. Die Anreise erfolgte in Gondeln oder Booten. Da der Brenta viel Schwemmmaterial mitführte, wurde im 16. Jahrhundert ein Kanal gegraben, der den Fluss Richtung Süden nach Chioggia lenkte. Das alte Flussbett wurde angepasst, um den wichtigen Wasserweg von Venedig ins Landesinnere nach Padua zu erhalten.

TIPP

Viele der Villen sind zwar in die Tage gekommen, können aber besichtigt werden. In jedem Ort werden Führungen zu den noblen Landsitzen angeboten. www.ilburchiello.it/de/das-brenta-kanal

4 PADUA

Giottos anmutige Fresken

Die Scrovegni-Kapelle mit den beeindruckenden Giotto-Fresken vom Beginn des 14. Jahrhunderts ist einer der Höhepunkte von Padua in der Region Veneto. Aus dem 13. Jahrhundert stammt die Basilika des heiligen Antonius mit byzantinischen Kuppeln und Kunstwerken aus verschiedenen Epochen. Zwischen den religiösen Bauwerken, den historischen Bogengängen und anderen Bauten der Altstadt locken schicke Restaurants und Cafés und prägen Studenten der im Jahre 1222 gegründeten Universität von Padua die Szene.

TIPP

Die Besichtigung der Kapelle ist nur 25 Personen alle 15 Minuten gestattet. Deshalb ist eine Vorbestellung von 48 Stunden nötig. Der Besuch erfolgt nach vorheriger Reservierung beim Call Center 0039/49/201 00 20 oder unter www.cappelladegliscrovegni.it, wo man auch die Padova Card erwerben kann.

Viele der venezianischen Villen am Ufer des Brenta-Kanals zeugen von einer reichen Geschichte an der Riviera del Brenta.

Typischer, schlanker Frachtkahn auf dem königlichen
Fluss Themse bei Oxford, der
heute aber längst ausgedient
hat und als Hausboot fungiert

22 THEMSE VALLEY
Geschichtsträchtige Region

Egal wo Sie beginnen, an beiden Ufern der Themse zeugen historische Bauwerke im viktorianischen Stil von einer reichen Geschichte. Zu den Glanzpunkten gehören das royale Schloss Windsor, das Landgut Cliveden oder das Universitätsviertel von Oxford.

Es wäre natürlich ein Traum, mit dem Hausboot durch London zu schippern, allerdings darf man die Themse in London ohne entsprechenden Bootsführerschein nicht befahren. Endstation für Hausboote ist am Londoner Stadtrand bei Kingston-upon-Thames. Einige Kilometer davor liegt in East Moseley der Royal Hampton Court, die ehemalige Residenz von Henry VIII. aus dem Hause Tudor. Diesen Abschnitt ab Chertsey muss man nicht unbedingt sehen, dafür locken Richtung Westen bis nach Oxford zahlreiche romantische Dörfer und charmante Städte mit Sehenswürdigkeiten, für die man sich gern ein wenig Zeit nimmt. Ausgangspunkte durch das Themse-Tal können Chertsey und Benson sein, wo Vermieter ihre Hausboote anbieten. Zwischen beiden Orten liegen 22 Schleusen, die reine Fahrzeit beträgt etwa 16 Stunden.

»DIE TOP 5 HIGHLIGHTS UND LIEGEPLÄTZE DER REGION«

1. **Windsor Castle.** Blick hinter die königlichen Fassaden.
www.rct.uk/visit/windsor-castle

2. **Legoland Windsor.** Spaß und Unterhaltung für Groß und Klein.
www.legoland.co.uk

3. **Liegeplatz bei der Insel Ray Mill.**
www.visitthames.co.uk/things-to-do/ray-mill-island-p1436131

4. **Cliveden.** Große, typisch britische Parklandschaft mit Landgut
www.nationaltrust.org.uk

5. **Oxford.** Mehr Geschichte geht wohl kaum.
https://oxfordcity.co.uk

(1) Prunk, Pracht und Monumentalität von Schloss Windsor sind bereits aus der Ferne zu sehen. (2) »Rush hour« in den Schleusen vom südwestlich von London liegenden Chertsey, das ein guter Startpunkt für die Tour auf der Themse ist. (3) Die Gewässer um Oxford sind nicht nur Fahrwasser für Hausboote, sondern auch permanente Liegeplätze für die schmalen, typisch britischen Frachtkähne.

1 WINDSOR Königliche Stadt

Windsor, der Name steht seit 1917 für das britische Königshaus, Namensgeber ist die kleine Stadt Windsor in der Grafschaft Berkshire. Von der Themse aus ist das Schloss der königlichen Familie bereits zu sehen. Es stammt aus dem 11. Jahrhundert und hat viele Monarchen erlebt, von denen jeder dem monumentalen Bauwerk seinen Stempel aufgedrückt hat. Windsor Castle kann im Rahmen einer Führung besichtigt werden. Bei dem Rundgang erhält man Einblick unter anderem in die royalen Gemächer und die Kunstsammlung.

TIPP

Wenn Kinder mit an Bord sind, bietet sich das riesige Legoland am südlichen Stadtrand von Windsor an. Aber auch für die Großen gibt es jede Menge Unterhaltungsmöglichkeiten. www.legoland.co.uk

2 CLIVEDEN Blaublütiges Landgut

Nach Windsor erreicht man über die unscheinbaren Orte Maidenhead und Cookham am Ufer Cliveden House, ein prächtiges Landgut im italienischen Stil, das mehr als 300 Jahre die Heimat von Adeligen war. Heute gehört die bildschöne Anlage dem National Trust, der Teile davon an ein Luxushotel vermietet hat. Das historische Landgut mit weitläufigem Park kann aber im Rahmen einer Führung besichtigt werden. Planen Sie dafür einen halben Tag ein. Beim Landgut gibt es übrigens eine Anlegestelle.

TIPP

Circa zwei Kilometer vor dem Landgut kann man gemütlich beim Restaurant Boulters anlegen, sich die Füße auf der Insel Ray Mill vertreten und die moderne britische Küche genießen. www.boultersrestaurant.co.uk

3 OXFORD Das Ende der Tour

In Oxford endet das Hausbootrevier im Tal der Themse. Die »City of dreaming spires«, wie der englische Dichter Matthew Arnold Oxford wegen der harmonischen Architektur nannte, ist ein Juwel viktorianischer Architektur, britischer, manchmal etwas steifer Traditionen und einer regen Pub-Kultur, die von Studenten aus aller Welt hochgehalten wird. Das Boot kann in der Osney Marina angelegt werden. Informieren Sie sich vorab, ob Sie dort übernachten können, denn der Besuch von Oxford ist an einem Tag kaum zu bewältigen.

TIPP

Um Oxford dennoch in kurzer Zeit zu erkunden, sollten Sie eine geführte Stadtbesichtigung machen. Dabei gelangen Sie zu den Highlights der Stadt, ohne ständig auf den Stadtplan sehen zu müssen. www.oxfordwalkingtours.com

3

Auf dem Kaledonischen Kanal
ist meistens ruhiges Fahrwasser gegeben, auch wenn
das Wetter mal so richtig
schottisch ist.

23 DURCHS SCHOTTISCHE HOCHLAND
Der Kaledonische Kanal

Herbe Landschaft, raues Klima und viele Mythen und Legenden beherrschen das schottische Hochland. Man muss diese Landschaft mögen, das vorherrschende, stets wechselhafte Wetter, aber auch die Einsamkeit und Stille der Umgebung. Wenn das alles für Sie stimmt, dann sind Sie hier richtig.

Vom Meeresarm Moray in der Nordsee nordöstlich von Inverness bis nach zum Fjord Lorne bei der Insel Mull am Atlantischen Ozean wurde ab 1803 in fast 20-jähriger Bauzeit der rund 100 Kilometer lange Kaledonische Kanal mit 29 Schleusen angelegt. Der Bau wurde vom britischen Ingenieur Thomas Telford geleitet und sollte die Wirtschaft in der ansonsten strukturschwachen Region beleben. Nur etwa ein Drittel der Gesamtlänge des Kanals wurde gegraben, der Rest verläuft durch verschiedene Seen wie den berühmten Loch Ness, Loch Oich oder Loch Lochy. Und diese langgezogenen Seen sind ein Mekka für Hausbooturlauber schlechthin. Befahrbar ist der Kanal aber nur von Inverness bis Fort William. Ein guter Ausgangspunkt für Touren ist das Dorf Laggan zwischen Loch Oich und Loch Lochy.

»DIE TOP 5 HIGHLIGHTS UND LIEGEPLÄTZE DER REGION«

1. **Inverness.** Die nördlichste Stadt der britischen Inseln.
   www.myhighlands.de/inverness-die-highland-metropole

2. **Loch Ness.** Auf der Suche nach dem Seemonster.
   www.visitscotland.com/de-de/destinations-maps/loch-ness

3. **Panoramasicht.** Mit dem Lift in Fort William auf den Ben Nevis.
   www.nevisrange.co.uk/activities/mountain-gondola

4. **Whiskey Brennerei Nevis.** Ohne Whiskey kein Schottland.
   www.bennevisdistillery.com

5. **Banavie.** Idyllisches, schottisches Dorf.
   https://visitfortwilliam.co.uk/online-guide-to-fort-william-scotland/banavie-village-is-part-of-the-fort-william-community-next-to-the-caledonian-canal

Der Stolz von Inverness: das Schloss aus dem 19. Jahrhundert in viktorianischer Architektur

2 LOCH NESS Home of »Nessie«

Auf den ersten Blick ein Süßwassersee wie jeder andere in den Highlands mit mittelalterlichen Ruinen am Ufer wie dem Urquhart Castle. Doch Loch Ness ist anders, ist weltberühmt geworden durch »Nessie«, wie das Seeungeheuer liebevoll genannt wird. Einige Einheimische behaupten, es bereits gesehen zu haben, aber so ganz genau wohl doch nicht. Unscharfe Schwarz-Weiß-Bilder zeigen einen Schatten auf und im Wasser. Ob es sich dabei wirklich um das berüchtigte Monster handelt, bleibt unklar. Egal, »Nessie« lässt die Kassen klingeln.

TIPP

Normale Fahrräder sollten bereits in Laggan an Bord genommen werden, sofern Sie nicht Ihre eigenen Räder mitgebracht haben. Unterwegs können nur noch Mountainbikes gemietet werden, in Inverness, Fort Augustus und Fort William.

3 LAGGAN, LOCH OICH UND LOCHY

… und noch ein Monster

Nordwestlich von Laggan erstreckt sich Loch Oich, der 32 Meter über dem Meeresspiegel liegt und damit der höchste Punkt des Kaledonischen Kanals ist. Idyllische Anlegeplätze und kleine Hafenorte unterbrechen die fast unberührte Natur der Uferregionen. Südwestlich von Laggan liegt der 16 Kilometer lange und bis zu zwei Kilometer breite Loch Lochy, der sich ebenfalls eines Monsters rühmt: »Lizzy« soll zwölf Meter lang sein und »Nessie« sehr ähnlich sehen. Natürlich gibt es hier auch noch anderes zu entdecken.

TIPP

Starten Sie Ihren Bootsurlaub in Laggan. Möchten Sie von hier nach Inverness schippern, rechnen Sie mit etwa einer Woche (193 km, 10 Schleusen, ca. 35 Std. Fahrzeit). Nach Fort William etwa vier Tage (65 km, 18 Schleusen, 15 Std.). www.laggan.com

1 INVERNESS Zentrum der Highlands

Hoch über der Stadt thront das im 19. Jahrhundert erbaute Schloss, von dessen Gärten sich ein herrlicher Blick auf die Highland-Metropole bietet. Inverness, die größte Stadt an der Nordküste des schottischen Hochlandes, ist zugleich das wirtschaftliche und kulturelle Zentrum der Region. Den Altstadtkern dominieren die Saint Andrews-Kathedrale und die Kirche Old High Saint Stephens mit ihrer viktorianischen Architektur. Auf dem Markt werden Kunsthandwerk, Textilien und Lebensmittel angeboten. Für den Besuch sollte ein Tag eingeplant werden.

TIPP

Im modernen Inverness Museum and Art Gallery wird die Geschichte der Stadt und der Highlands lebendig. www.highlifehighland.com/inverness-museum-and-art-gallery

Viel Geduld und eventuell ein Fernglas benötigen Sie auf der Suche nach »Nessy«, dem Monster von Loch Ness.

Ein Ort der Ruhe und der Einsamkeit: das Loch Lochy

Unterwegs mit typischem Hausboot im Shannon-Erne-Waterway in der Grafschaft Leitrim auf der »grünen« Insel

24 DER SHANNON
Irlands Lebensader

Sanft gewellte Landschaften mit Weiden und Wiesen, klare Gewässer mit satter Natur ringsherum und last but not least die irische Pub-Kultur mit Pint, Dart, Tanz und Musik. Das sind die ständigen Begleiter auf Irlands bestem Hausboot-Revier, dem Shannon River.

Sattgrün ist die Insel, und zwar das ganze Jahr hindurch. Es ist aber auch nicht verwunderlich, denn die jährlichen Niederschlagsmengen in Irland sind mit die höchsten in Europa. Denken Sie daran, dass Sie auf dem 370 Kilometer langen Shannon, der übrigens Irlands längster Fluss ist, nicht immer trockenes Wetter haben werden. Keinesfalls sollte Sie das Klima aber davon abhalten, diese Region mit dem Hausboot zu erkunden. Etwa zwei Drittel des Flusses, von Killaloe am südlichen Ende des Sees (Lough) Derg bis zum Fluss Boyle und dem Lough Key nördlich von Carrick-on-Shannon sind für Hausboote befahrbar. Berufsschifffahrt gibt es nicht, mal abgesehen von den Tagesausflugsbooten. Athlone ist ein guter Ausgangspunkt für sowohl eine Tour in Richtung Norden wie auch in den Süden.

»DIE TOP 5 HIGHLIGHTS UND LIEGEPLÄTZE DER REGION«

1. **Athlone.** Geschichtsträchtiges Städtchen.
   www.ireland.com/de-de/reiseziele/
   republic-of-ireland/westmeath/artikel/
   athlone-town

2. **Clonmacnoise.** Einzigartige Klosterruine.
   www.heritageireland.ie/en/midlands-east-coast/clonmacnoise

3. **Shannonbridge.** Nur eine einzige Straße und drei Pubs.
   www.shannonbridge.com

4. **Tullamore Distillery.** Irischer Whiskey mit Tradition.
   www.tullamoredew.com/en-gb/visit-us

5. **Banagher.** Irische Musik und selbstgebrautes Bier.
   http://discovertheshannon.com/de/
   listings/banagher-2

Neue Bestimmung für einen alten irischen Frachtkahn in Killaloe: Wohnboot als permanenter Wohnsitz

1 ATHLONE Die Nordroute

Für das Revier im nördlichen Abschnitt des Shannon kann man als Ausgangspunkt zwischen dem Athlone in den irischen Midlands südlich des Lough Ree oder Carrick-on-Shannon nahe dem Lough Key, dem Ende der befahrbaren Strecke für Hausboote, und dem Shannon Erne Waterway wählen. Athlone liegt etwa 45 Autominuten näher zum Flughafen in Dublin als Carrick-on-Shannon. Und Athlone ist fast der geografische Mittelpunkt der Insel und darüber hinaus ein reizvolles Kleinstädtchen, in dem sich zu verweilen lohnt.

TIPP

Wer viel Zeit mitbringt, der kann das Hausboot-Abenteuer auf dem Fluss Erne fortsetzen. Seit 1994 verbindet der Shannon Erne Waterway beide Hausboot-Reviere. Für den Waterway vom Shannon zum Erne benötigt man circa 13 Stunden reine Fahrzeit.

2 PORTUMA UND DER LOUGH DERG Südlicher Flusslauf

Im gerademal 1500 Einwohner zählenden Portuma werden Hausboote vermietet. Das Städtchen ist ein guter Ausgangspunkt für Touren in den Süden nach Killaloe, quer über den See Derg. Schleusen sind auf dieser Route nicht vorhanden, lediglich eine Drehbrücke in Portuma, die zu festen Zeiten geöffnet wird. Die Fahrzeit beträgt hin und zurück etwa 20 Stunden. Nach Athlone in den irischen Midlands warten insgesamt vier Schleusen auf die Hausbootkapitäne. Die Fahrzeit liegt ebenfalls bei circa 20 Stunden.

TIPP

Der Shannon ist Irlands Hausboot-Revier par excellence. In der Hauptsaison kann es richtig voll werden, und bei der Vermietung von Hausbooten kann es darüber hinaus auch zu Engpässen kommen. Daher rechtzeitig vorbestellen!

Der Liegeplatz von Athlone befindet sich direkt unterhalb der Burg.

Still, dünn besiedelt und fast lärmfrei präsentiert sich das Uferland beidseitig des Shannon.

PRAKTISCHE INFORMATIONEN

Bootsmiete und Schnellkurs

In jeder Region gibt es genügend Bootsvermieter. Um keine Werbung zu betreiben, den einen zu bevorzugen oder zu vergessen, wurde auf eine Auflistung verzichtet. Informieren Sie sich am besten im Internet und achten Sie auf die Beurteilung von Mietern vor Ihnen. Alle Vermieter haben übrigens eine Altersbeschränkung! Möchten Sie Ihr Haustier mitnehmen, wird in der Regel eine Gebühr verlangt.

Richtlinien für die Einweisung gibt es eigentlich nicht. Jeder Bootsvermieter handhabt seinen eigenen Schnellkurs. Die Einweisung dauert in der Regel 30 bis 60 Minuten, in denen das Notwendigste zum Lenken des Bootes vermittelt wird. Die hier im Buch genannten Routen sind alle führerscheinfrei. Wer doch den Bootsführerschein machen möchte: Es gibt mittlerweile Online-Kurse mit Prüfung.

Versicherung, Servicekosten und Kaution

Jedes Boot wird mit einer Haftpflichtversicherung mit Selbstbehalt vermietet. Es ist anzuraten, eine Vollkaskoversicherung abzuschließen, die im Schadensfall den Selbstbehalt vermindert oder komplett ausschließt. Mit Servicekosten sind in der Regel die Betriebskosten gemeint, die unter anderem den

Treibstoff abdecken. Viele Boote haben einen Betriebsstundenzähler an Bord. Informieren Sie sich vorab, was am Ende des Urlaubes noch als Betriebskosten anfallen kann. Fragen Sie vorab auch nach der Höhe der Kaution, die zu Beginn der Fahrt hinterlegt werden muss.

Einwegmieten

Um nicht die gleiche Strecke zurückzuschippern, bieten auch einige Vermieter Einwegmieten an, inklusive der Überführung

Ihres Fahrzeuges an den Endpunkt. Damit sind allerdings weitere Kosten verbunden, abhängig von der Distanz.

Fahrrad und Gepäck

Nicht überall an den Strecken ist die Infrastruktur am Ufer oder in Ufernähe ebenso wie die Orte mit ihren Sehenswürdigkeiten. Fahrräder sollten deshalb immer an Bord sein. Ob Sie Ihre eigenen Räder mitbringen oder sie beim Bootsvermieter ausleihen, klären Sie am besten mit dem Vermieter. Nicht jeder sieht es gerne, wenn der eigene Drahtesel mitgebracht wird. Achten Sie darauf, dass die Räder auch an Deck

gut abgestellt und befestigt werden können. Für den Notfall sollten Sie auch Flickzeug und eine Luftpumpe dabeihaben. Beim Gepäck eignet sich eine Reisetasche besser als ein starrer Koffer. Und packen Sie rutschfeste Schuhe, Arbeitshandschuhe (zum Festmachen des Bootes mittels der Leinen), eine Taschenlampe und eine wasserfeste Jacke ein.

Schleusen, Fahrzeiten und Anlegen

In einigen Ländern muss für die Benutzung der Schleusen bezahlt werden, in anderen Regionen ist dies kostenlos. Auch bei der Bedienung gibt es große Unterschiede: Mal hilft ein Schleusenwärter, mal muss man die Schleuse selbst bedienen, oder es erfolgt alles vollautomatisch. Der Vermieter gibt Ihnen über die Besonderheiten im Fahrgebiet, vor allem über die Öffnungszeiten gerne Auskunft, damit Sie nicht vor geschlossenen Toren zum Legen kommen. Und vergessen Sie

nicht, die Leinen nicht (!) festzumachen, sonst bleiben Sie in der Schleuse beim Ablassen des Wassers in der Luft hängen! Generell wird von einer Fahrgeschwindigkeit zwischen 6 und 9 km/h ausgegangen. So können Sie ungefähr die Fahrzeit ermitteln.
Fragen Sie den Vermieter, ob am Ufer eines Kanals, Flusses oder See in Ihrem Fahrgebiet angelegt werden darf. Das ist nicht überall der Fall. Wassersportvereine, Marinas und

Stadthäfen haben neben Anlegeplätzen für Dauermieter meistens einige Gästeliegeplätze parat. Reservieren kann man nicht, wer zuerst kommt, kann anlegen. Im Hafen immer sofort beim Hafenmeister anmelden und die Hafengebühr entrichten. Das gilt auch beim Anlegen an einem Wasserwanderrastplatz (WWRP), worunter man einfache Anlegestellen inmitten der Natur mit oder ohne sanitäre Einrichtungen versteht.

Tankstellen und Abpumpmöglichkeiten

In der Regel gibt es in Häfen immer eine Tankstelle, bei oder nahe den Anlegestellen im Grünen allerdings nicht. Fragen Sie den Vermieter vor der Abreise, wo sich Tankstellen befinden und lassen Sie sich eventuell eine Liste/Karte geben. Ob Sie einen Reservekanister mitführen dürfen, klären Sie ebenfalls mit dem Vermieter. Auch sollten Sie sich vorab informieren, wo Sie den Abwassertank entleeren können.

Bücher und Karten

In der Regel sind Gewässerkarten des Fahrgebietes an Bord, die normalerweise auch ausreichen. Dazu gibt es oft touristische Broschüren für einen guten ersten Überblick. Weiterführende Literatur wie Hafenführer, Törnplaner, Karten mit Wasserwanderrastplätzen, Bücher für Routenvorschläge durch eine bestimmte Region und noch mehr zum Thema Boot ist mittlerweile reichlich vorhanden und in den bekannten Shops zu bestellen.

Wasserpolizei und Bußgeld

Auch das gibt es auf dem Wasser: Routinekontrollen durch die Polizei, wobei häufig auch Alkoholproben gemacht werden. Die Promillegrenze variiert von Land zu Land. Fragen Sie vor der Abfahrt beim Vermieter nach. Vor dem Ablegen sollte auch festgelegt werden, wer der Kapitän und somit auch verantwortlich ist. Der Mieter muss nicht unbedingt auch der Kapitän sein. Achten Sie darauf, dass alles gut verstaut ist, dass die Schwimmwesten in Ordnung sind, die Räder sicher an Deck befestigt sind, der Grill während der Fahrt nicht an ist und die notwendigen Papiere wie Mietvertrag und Versicherungsschutz ständig griffbereit liegen. Bußgelder bei Verstößen gegen die Verkehrsregeln, aber auch bei Notfällen und Abschleppdiensten durch Fehlverhalten werden vom Vermieter nicht zurückerstattet.

Worauf sonst noch zu achten ist!

Wer mit dem Auto anreist, der sollte bereits vorab klären, ob sich ein Parkplatz in der Nähe der Anmietstelle befindet. Oft haben die Bootsvermieter einen eigenen, kostenlosen, aber unbewachten Parkplatz.

Gibt es an Bord (gratis) Wifi für eine Internetverbindung, oder müssen Sie selbst für den Zugang zum Netz sorgen? Befindet sich ein Grill am Außendeck, zum Beispiel fürs Grillen der selbst gefangenen Fische? Dafür benötigen Sie aber in den meisten Regionen eine Fischereikarte. Sie ist in der Regel in den Gemeindeämtern für eine bestimmte Zeit erhältlich.

Ist im Mietpreis die Endreinigung enthalten? Werden eine oder mehrere Gasflaschen für die Bordküche bereitgestellt? Gibt es einen Reservekanister für den Treibstoff? Und kontrollieren Sie vorab, ob die Leinen in Ordnung sind, sich ein Erste-Hilfe-Set an Bord befindet und die Schutzbojen tauglich sind, sodass das Boot nicht gegen eine Schleusenwand schlägt. Und last but not least: Vergessen Sie nicht Proviant für die ersten Tage einzupacken!

REGISTER

A
Agde 139
Alkmaar 80
Amsterdam 77, 78
Anklam 54
Athlone 162
Auxerre 134

B
Beatles Museum 80
Berlin 17
Béziers 140
Bolsward 74
Brenta-Kanal 147
Bretagne 115
Burgdorf 144
Burgund 131

C
Canal du Midi 137
Canal latéral à la Loire 132
Carcassonne 144
Castelnaudary 144
Cliveden 154

D
Delft 104
Demmin 53
Den Haag 93
Dinan 128
Dömitz 32

E
Elf-Städte-Tour 71
Étang de Thau 138

F
Filmpark Babelsberg 14
Flandern 109
Fluessen 68
Franeker 72
Frankreichs Hausbootregion 131
Frans-Hals-Museum 84
Friesische Seenplatte 63
Fürstenberg 36

G
Gent 112
Genter Altstadt 112
Genter Grafenburg 113
Giżycko 58
Gouda 102
Groeningemuseum 110

H
Haarlem 84
Harlingen 73
Hauptstadt 17
Havelseen 11
Heeg 68
Heerenveen 64
Hexenwaage 102
Himmelpfort 42
historisches Brügge 110
Holländisches Viertel 12

I
IJlst 68
IJsselmeer 68
IJ-Turm 78
Inverness 158

J
Josselin 118

K
Kalenberger Gracht 67
Käsemarkt Alkmaar 80
Kinderdijk 106

L
Laggan 158
Laguneninsel 148
Leeuwaarden 72
Leiden 92
Les Machines de l'Île 116
l'Île de Nantes 116
Loch Ness 158
Loch Oich 158
Lochy 158
Loire-Tal 131
Loitz 52
Lough Derg 162
Lübz 30
LusUtrechter Oude Grachten 90
Lychen 42

M
Mahn- und Gedenkstätte Ravensbrück 41
Makkum 74
Malchow 28
Malestroit 118
Marina Röblinsee 36
Marina Rummelsburg 17
Masurische Seenplatte 57
Mauersee und Angerburg 58
Mecklenburger Seenplatte 19

Mikolajki 60
Mirow 22
Muiden 98
Mûr-de-Bretagne 120

N
Nantes 116, 123
Narbonne 142
Nationalpark Müritz 20
Neukalen 52
Neustrelitz 22
Nevers 132
Nikolaikirche 12

O
obere Havelniederung 45
Otto-Lilienthal-Museum 54
Oudewater 102
Oxford 155

P
Padua 150
Parchim 30
Park Babelsberg 12
Plau am See 28
Pontivy 118
Portuma 162
Potsdam 12
Potsdamer Altstadt 12

R
Ravensbrück 41
Redon 125
Rennes 123, 126
Rheinsberg 24
Riviera del Brenta 150
Röbel 21
Röblinsee 36
Rotterdam 101, 104
Rotterdamer Hafen 104
Ruciane-Nida 60
Ruppiner Land 35

S
Sankt-Bavo-Kathedrale 112
Schleusentreppe Fonserannes 140
Schloss Sanssouci 12
schottisches Hochland 157

Schwerin 27, 30
Serenissima 147
Sète 138
Shannon River 161
Sixhaven 78
Sneek 64
Spaarne 83
Steinort 58

T
Themse 153
Themse Valley 153
Tjeukemeer 67
Toulouse 144

U
Uckermark 39
Uckermärkische Seen 39
UNESCO-Welterbe 144
unteres Peenetal 51
Utrecht 90
Utrechter Dom 90
Utrechter Viertel 90

V
Vecht 95, 96
Venedig 148
Venetien 147
Vogelschutzgebiet Obere Havelniederung 45

W
Waren an der Müritz 20
Weesp 98
Werder an der Havel 14
Windmühlen von Kinderdijk 106
Windsor 154
Wolfsschanze 58

Y
Yonne und Nivernais 134

Z
Zaan-Region 77, 78
Zaanse Schans 78
Zehdenick 46
Ziegeleipark Mildenberg 46
Ziernsee 36

IMPRESSUM

Verantwortlich: Claudia Hohdorf
Lektorat: Rosemarie Elsner
Layout: Reemers Publishing Services GmbH
Covergestaltung: Ralph Hellberg
Repro: LUDWIG: media
Kartografie: Kartographie Huber, Heike Block
Herstellung: Alexander Knoll
Printed in Italy by Printer Trento

★★★★★

Sind Sie mit diesem Titel zufrieden? Dann würden wir uns über Ihre Weiterempfehlung freuen. Erzählen Sie es im Freundeskreis, berichten Sie Ihrem Buchhändler oder bewerten Sie bei Onlinekauf. Und wenn Sie Kritik, Korrekturen, Aktualisierungen haben, freuen wir uns über Ihre Nachricht an: Bruckmann Verlag, Postfach 40 02 09, D-80702 München oder per E-Mail an: lektorat@verlagshaus.de.

Unser komplettes Programm finden Sie unter  www.bruckmann.de

Alle Aufnahmen stammen von Hans Zaglitsch, außer:
Huber Images: 56/56, 60, 160/161 (Spiegelhalter); Mauritius: 59u. (Alamy/Tomasz Stolz Photography), 61 (Mikolaj Gospodarek), 154/155 (Alamy /Greg Balfour Evans), 156/157 (Alamy/Alan Keith Beastall); Shutterstock: S. 130 (Gerrit Bunt), 132 (MARTIN Florent), 133o. (Dennis van de Water), 133u. (bensliman hassan), 146/147 (Sandra Moraes), 148 (DaLiu), 149: (Viacheslav Lopatin), 150 (Sven Hanschel), 151 (Andrea Mangoni), 152/153 (Sigitas Duoblis), 154 (Mistervlad), 155 (Andrei Nekrassov), 158 (Karol Kozlowski), 159o. (S-F), 162 (Samuel Chew), 163o. (Attila JANDI), 163u. (walshphotos); Picture Alliance: 58 (Uwe Gerig), 134 (Arco Images GmbH), 159u. (Peter Richardson/robertharding); Wikimedia Commons: S. 59o. (S awomir Milejski)

Umschlagvorderseite: Hausboot auf der Vecht in Weesp (Shutterstock/DutchScenery)
Umschlagrückseite: Schloss Windsor o.l. (shutterstock_Mistervlad), Themse bei Oxford o.r. (shutterstock_Sigitas Duoblis), Badespaß an der Mecklenburgischen Seenplatte u.l. (Thomas Roetting/Lookphotos), Unterwegs auf dem Shannon-Erne-Waterway u.r. (Spiegelhalter/Huber-Images)
Klappe vorne: Windmühle in Kinderdijk o., Tour durch Friesland M., Auszeit vom Bootsalltag u.

Die Deutsche Nationalbibliothek verzeichnet diese Publikation in der Deutschen Nationalbibliografie; detaillierte bibliografische Daten sind im Internet über http://dnb.d-nb.de abrufbar.

ISBN 978-3-7343-1658-6